URVÖLKER

VOM ÜBERLEBEN
EINZIGARTIGER KULTUREN

COLIN PRIOR

URVÖLKER

VOM ÜBERLEBEN EINZIGARTIGER KULTUREN

Einführungen von Carolyn Fry

NATIONAL GEOGRAPHIC

Autorisierte deutsche Ausgabe veröffentlicht von
NATIONAL GEOGRAPHIC DEUTSCHLAND
(G+J/RBA GmbH & Co. KG), Hamburg 2003

Übersetzer: Gabriele Gugetzer, Birgit Lamerz-Beckschäfer

Übersetzungsredaktion: Delius Producing Berlin/
Silke Körber (Projektmanagement), Stephanie Kramer, Julia Niehaus

Wissenschaftliche Beratung: Achim Bayer (Kyoto), Dr. Susanne Kühling (Assistentin am Institut für Ethnologie der Universität Heidelberg), Egon Renner (Honorarprofessor am Institut für Ethnologie und am Lateinamerika-Institut der Freien Universität Berlin)

Titelgestaltung: Lutz Jahrmarkt

A Constable & Robinson Production
For Alexandra and Laurence

Printed in Italy
ISBN 3-936559-17-1

HERERO-MÄDCHEN (SEITE 2)
Sesfontein, Namibia

MANGATI-MÄDCHEN (RECHTS)
Mingingu, Tansania

SAMBURU-KRIEGER (SEITEN 6–7)
Wamba, Kenia

Inhalt

Einleitung

Die Begriffe „Eingeborene“ oder „Naturvölker“ sind uns vertraut und berühren uns dennoch unangenehm. Es sind Relikte einer von Vorurteilen belasteten Zeit. Sie wecken Assoziationen von hoch gewachsenen Massai-Kriegern aus der ostafrikanischen Savanne, den so genannten Giraffenhalsfrauen der Padaung in Burma oder von Inuit-Kindern mit pelzumrandeten, von der kalten Luft geröteten Gesichtern. Mit solchen Konterfeis wird heutzutage fast alles verkauft: Fernreisen, Kleidung oder Kosmetik.

Dokumentarfilme zeigen uns fremde Völker, die seit Jahrhunderten ihre Rituale und Traditionen pflegen. Angesichts des weltweiten Tourismus und der Globalisierung verwischen ethnologische Unterschiede allerdings zunehmend. Auch die Inuit tragen heute statt Pelzen die neuesten wasserdichten Gore-Tex-Produkte. Zumindest Teile der meisten indigenen Völker leben längst in Städten. Sie tauschen ihre traditionelle Tracht gegen Ramschware ein und passen sich dem westlichen Lebensstil an. Es stellt sich die Frage, ob nicht alle diese Gruppen längst zu Minderheiten in einer weitgehend homogenen Gesellschaft geworden sind.

Die Organisation „Survival International“ setzt sich weltweit für die Rechte indigener Völker ein. Sie bezeichnet mit diesem Begriff Stammesverbände, die seit vielen Generationen bestehen. In der Regel handelt es sich um die ursprünglichen Bewohner einer Region. Oft leben sie dort bereits seit Jahrhunderten. Doch auch diese Gemeinschaften sind einem ständigen Wandel unterworfen. So züchten die Samburu in Kenia heute nicht mehr nur Rinder, sondern auch Kamele. Sie passten sich damit der periodisch auftretenden Dürre an, die jedes Mal fast den gesamten Viehbestand dezimierte. Die Herero in Namibia reagierten im 19. Jahrhundert auf die Prüderie ihrer deutschen Missionare: Weil diese die Nacktheit der Herero als anstößig empfanden, tragen sie seitdem Tiroler Trachtenjacken und voluminöse Kleider. Diese Beispiele zeigen: Es ist schwer festzumachen, bis zu welchem Zeitpunkt eine ethnische Gruppe „unberührt“ von äußeren Einflüssen war.

Es gibt eine unüberschaubare Vielfalt von Stämmen auf der Welt. Trotzdem ist das so genannte multiregionale Modell, wonach der erste Mensch gleichzeitig in mehreren Teilen der Erde auftrat, inzwischen von anderen Theorien abgelöst worden. Die *Out of Africa*-These geht davon aus, dass der moderne Mensch, der *homo sapiens sapiens*, erstmals vor 200 000 Jahren in der afrikanischen Subsahara auftrat. Etwa 80 000 bis 120 000 Jahre später wanderte er in Richtung Asien. Von dort aus breitete er sich über die ganze Welt aus. (Der *homo erectus* hatte sich eine Million Jahre zuvor auf eine ähnliche Wanderschaft begeben.) Die Anthropologen haben zwei mögliche Routen ausgemacht. Die eine führt entlang des Nilkorridors durch Ägypten und den Golf von Sues in Richtung Levante. Die andere verläuft über die Mündung des Roten Meeres durch den Jemen und Oman. Den damaligen geoklimatischen Verhältnissen zufolge ist der zweite Weg wahrscheinlicher. Vermutlich wanderten die ersten Menschen entlang des Indischen Ozeans, über Indonesien und Bali nach Timor und dann weiter bis nach Australien. Auf ihrer Wanderschaft trafen sie wohl auch auf die *homo erectus*-Nachfahren und andere frühe Menschen, die sie jedoch allmählich verdrängten. Man ist erstaunt, wie schnell und wie weit diese Menschen vorgedrungen sind. Zu Fuß durchquerten sie Wüsten, mussten Gebirge und Wasserläufe überwinden. Experten haben berechnet, dass die Entfernung zwischen Subsahara-Afrika und Westeuropa selbst bei einem Tempo von nur 32 Kilometern pro Generation innerhalb von 10 000 Jahren zurückgelegt werden kann.

Seit Ende der 1980er-Jahre versucht man mithilfe der Genetik, der Herkunft des Menschen auf die Spur zu kommen. Die Ergebnisse stützen die Theorie, dass es nur einen Ursprung gibt. Unser Gencode macht jeden von uns zu einem Individuum, denn er kommt durch die Kombination des elterlichen Erbguts zustande. Eine Winzigkeit jedoch wird weitergegeben, ohne sich jemals zu vermischen: die mitochondrische DNA. Sie wird ausschließlich durch den weiblichen Elternteil weitergegeben. Veränderungen dieses Teils der DNA entstehen allein durch Mutation. Vergleicht man die mitochondrische DNA verwandter Organismen, lässt sich berechnen, wann eine Aufspaltung stattgefunden hat. Biochemiker und Genetiker verglichen die Mitochondrien-DNA von über 100 Menschen verschiedener ethnischer Gruppen, um herauszufinden, wann ihr letzter gemeinsamer Vorfahre gelebt hatte: Die Aufspaltung aus dem gemeinsamen Genom fand nach ihren Berechnungen vor 200 000 Jahren statt. Der Begriff einer „mitochondrialen Eva", die in Afrika gelebt hat, machte die Runde.

Sollten wir alle tatsächlich von einem einzigen Menschen abstammen, erscheint die Vielfalt umso verblüffender: Menschen mit dunkler und heller Haut, mit unterschiedlichem Körperbau, mit flachen Gesichtern oder stärker vorstehenden Nasen. Verfechter des monogenetischen Modells gehen davon aus, dass die Vererbung dieser Merkmale das Ergebnis einer Anpassung an die Umwelt ist. Demnach ändert sich zum Beispiel die Hautfarbe mit der Intensität des Sonnenlichts. Dunkle Haut schützt vor zu viel ultraviolettem Licht. Blasse Haut dagegen produziert Vitamin D, um einen Mangel an ultraviolettem Licht auszugleichen. Auch anatomische Unterschiede wurden als Anpassungserscheinungen gedeutet. Insbesondere der deutsche Anatom und Physiologe Carl Bergmann (1814–1865) und der amerikanische Zoologe Dudley Peter Allen (1852–1915) stellten dazu Überlegungen an. Bergmanns Beobachtungen zufolge haben die Menschen in kälteren Regionen einen schwereren Körperbau. Allen ergänzte, dass Menschen in kalten Klimazonen nicht nur eine gedrungene Körperform, sondern auch kürzere Extremitäten haben als ihre Verwandten in gemäßigten Zonen. Stämme wie die Turkana, Massai, Samburu und Himba, die seit vielen Generationen in einem heißen, trockenen Klima leben, sind größer, haben einen wesentlich leichteren Körperbau und grazilere Körperteile als zum Beispiel die in der Arktis lebenden Inuit.

Die Entstehung verschiedener Sprachen wird meist mit der Völkerwanderung in Verbindung gebracht. Es gibt im Wesentlichen zwei Modelle, anhand derer man die Vielfalt erklärt: durch fortgesetzte Abspaltung und durch den Kontakt sonst räumlich voneinander getrennter Gruppen. Heute gibt es noch etwa 5 000 bis 6 000 lebende Sprachen. Allerdings ist diese Zahl rückläufig. In manchen Fällen ist eine Sprache oder ein Dialekt nur noch in einer Region, beispielsweise einem Tal, zu hören. In Australien gab es vor der Ankunft der weißen Siedler 300 000 Aborigines: circa 250 der 500 Stämme besaßen eine eigene Sprache. Auch die entlang der Grenze zwischen Thailand und Burma lebenden Bergvölker sprechen alle ihre eigene Sprache. Und jede hat andere Wurzeln: Die Sprache der Lisu ist chinesisch-tibetischen Ursprungs, die der Padaung ist ein Beleg für deren mongolische Abstammung.

Auch die Sprache kann also ein Wegweiser auf der Suche nach einem gemeinsamen Ursprung sein. Die Massai stammen von einem nilotischen Volk ab, sie sprechen Maa. Diese Sprache gehört zur nilo-saharanischen Sprachfamilie. Sie weist also sowohl in genetischer als auch in linguistischer Hinsicht afrikanische Merkmale auf. Die Sprache der Tschuktschen (Inuit) gehört der ostsibirischen Sprachfamilie an. Wie die sino-tibetische, die indoeuropäische oder die afro-asiatische kann sie der Sprachenwelt Europas und Asiens zugeordnet werden. Die Abstammung der Tschuktschen lässt sich wie folgt zusammenfassen: Ursprünglich stammen sie von einer arktischen Bevölkerungsgruppe ab. Diese geht auf Völker des nordostasiatischen Raums zurück, die wiederum aus Nord-Eurasien einwanderten. Deren Vorfahren schließlich sind in einer asiatischen Gruppe zu finden. Die genetische Abstammung der Tschuktschen spiegelt sich also in der Entwicklungsgeschichte ihrer Sprache wider.

Sprachen, Traditionen, Religionen und die gesellschaftliche Ordnung weisen auf Entwicklungen hin, welche die Vorfahren einer ethnischen Gruppe durchgemacht haben. Sie können auch auf Wege verweisen, die zu ihrem heutigen Siedlungsgebiet geführt haben. Auch geoklimatische Verhältnisse und der Kontakt mit anderen Stämmen haben die Entwicklung beeinflusst. Genetiker unterscheiden heute sieben ethnische Hauptgruppen, von denen alle Völker der Welt abstammen: Afrikaner, Kaukasier, Nordostasiaten und Amerindianer sowie die asiatisch-pazifischen Insulaner auf den Pazifischen Inseln, in Australien und in Neuginea. Die Aborigines in Australien sind vermutlich direkte Nachfahren der Menschen, die ursprünglich aus Afrika kamen. Die Inuit sind aus späteren Völkerwanderungen wie der über die Beringstraße hervorgegangen.

Der Begriff „Stamm“ ist in diesem Buch sehr weit gefasst. Er bezeichnet Gruppen, die sich durch nicht-staatliche Traditionen konstituieren, Traditionen, die ihr Zusammenleben und ihre Beziehung zur Umwelt bestimmen. Dazu gehören sehr kleine Ethnien wie der afrikanische Stamm der Himba und große Gesellschaften wie die der Bhutanesen. Zwar sind die Bhutanesen aus unterschiedlichen Ethnien zusammengesetzt. Sie haben jedoch durch ihre Traditionen (Sitten, Bräuche, Religion) Gemeinsamkeiten, die tief in ihrer Geschichte verankert sind und die Einheit aufrechterhalten.

Die Identität eines Stammes wird maßgeblich von der Religion bestimmt. An den Ausläufern des Himalaya-Gebirges gründen Gruppen wie die Ladakhi und die Bhutanesen ihre Gesellschaft auf dem Mahayana-Buddhismus. Der Glaube der Ladakhi hat seine Wurzeln im indischen Buddhismus und in der einheimischen Bön-Religion, einer Mischung von Animismus und Schamanismus. In Bhutan konnte sich eine andere Form des Mahayana-Buddhismus etablieren: Ein aus Tibet stammender politischer und religiöser Führer machte seinen Glauben um 1600 zur Staatsreligion. In beiden Fällen prägt der Buddhismus die Gesellschaft bis heute. Buddhistische Klöster dominieren die Landschaft. Religiöse Hierarchien und Traditionen bestimmen das tägliche Leben.

Auch die Baltis im Norden Pakistans waren ursprünglich Buddhisten. Doch im 14. Jahrhundert wurden sie zu Anhängern des Schiismus. Dieser kleineren der beiden Hauptgruppen des Islam gehören die Baltis bis heute an. In manchen Gebieten, beispielsweise bei den Bergvölkern im nördlichen Thailand und in Burma, leben Stämme unterschiedlichen Glaubens eng nebeneinander. Viele wurden vom Buddhismus beeinflusst. Andere, wie die Lisu, haben ihren volkstümlichen Glauben an Geister und den Ahnenkult bewahrt. Auch die Toraja in Indonesien, die ihre Wurzeln in Südostasien haben, praktizierten vor der Christianisierung einen Ahnenkult, so wie es auch die Aborigines in Australien tun.

Traditionen und Lebensgewohnheiten der Ethnien sind jeweils dem Klima und der Landschaft angepasst. Sie richten sich auch danach, wie groß ihre Gruppen sind. Das Leben dieser Völker blieb sehr oft über Zeiträume von Hunderten oder sogar Tausenden von Jahren von überregionalen äußeren Einflüssen nahezu unberührt. Afrikanische Stämme wie die Massai, Samburu und Turkana wurden schon früh zu Nomaden. Sie durchquerten mit ihren Herden die Steppen Afrikas und lernten dabei, sich an die Gegebenheiten der Natur anzupassen. Sie blieben an einem Ort, bis das vorhandene Weideland abgegrast war, und zogen dann weiter. Viehdiebstahl war ein weit verbreitetes Delikt. Auseinandersetzungen zwischen den Stämmen wurden dabei fast immer unter kriegerisch Ebenbürtigen ausgetragen. Viele Stämme organisierten ihr Gemeinschaftsleben nach Altersgruppen: Die jungen, starken Männer verteidigten den Stamm. Die Älteren leiteten ihn mit ihrer Weisheit und Führungsstärke. Komplexe Rituale stärkten das Zusammenleben und damit die Gemeinschaft.

Die Bergvölker im rauen Gebirgsklima des Himalaya und des Karakorum siedelten sich rund um die Wasserläufe an, in welche die Gletscher des Hochlands münden. Sie wurden zu Halbnomaden: Im Sommer, nach der Schneeschmelze, trieben sie ihre Herden in hoch gelegene Weidegebiete, im Winter kehrten sie mit ihnen ins Flachland zurück. Zusätzlich zur Viehzucht begannen sie mit dem Anbau von Nutzpflanzen.

Eine gemeinschaftlich betriebene Landwirtschaft entwickelte sich zum Beispiel auch viele Tausende von Kilometern entfernt im marokkanischen Atlasgebirge. Dort betrieben die Berber kollektive Vorratshaltung. Sie lagerten ihr Getreide in Sammelspeichern. Dieser Gesellschaftstypus wird als „segmentäre Gesellschaft“ bezeichnet: Entscheidend ist hierbei ein ausgeprägtes Kollektivbewusstsein. Das Individuum sieht sich ausschließlich als Teil des Ganzen. Diese Haltung ist Ausdruck eines Traditionsbewusstseins und äußert sich auch in dem Verhältnis zu früheren Generationen. Unter den Mitgliedern herrscht weitgehend Gleichheit und Solidarität. Gemeinsame Moralvorstellungen und Werte sichern die soziale Ordnung, ohne dass Anführer oder eine Regierung erforderlich wären, wie sie „organisierte Gesellschaften“ benötigen.

In allen Regionen der Welt ließen sich Stämme und Völker nieder. Sie entwickelten Formen des Zusammenlebens, die ihrer ökologischen und historischen Prägung entsprachen und jeweils spezifische Lebensbedingungen bewirkten.

Der Eroberungszüge der Europäer und die Ausbeutung im Kolonialismus des 19. und 20. Jahrhunderts hatten verheerende Folgen für die indigenen Völker. Heute gehören diese Ethnien sehr oft zu den Minderheiten in unseren Gesellschaften. Die Europäer entdeckten mit der Zeit jeden Winkel der Erde und drangen auch zu bis dahin isoliert lebenden Stämmen vor. Häufig kamen sie in der Absicht, natürliche Ressourcen auszubeuten, von denen die Einheimischen Kenntnis hatten – und sie vor allem deshalb zu unterwerfen. In der Regel haben sich diese Völker bis heute nicht von diesen Einbrüchen erholt.

Die Baffin-Insel ist dafür ein geeignetes Beispiel. Die Arktis gilt als das Gebiet der Erde, das der Mensch aufgrund des Klimas als Letztes besiedelte. Die Vorfahren der Inuit wanderten vor etwa 4 000 Jahren von Alaska in die kanadische Arktis ein. Gebiete in der Kivalliq-Region wurden schon vor 8 000 Jahren, allerdings sporadisch, von Indianern bewohnt. Sehr wahrscheinlich bestanden Handelsverbindungen zwischen den Inuit und den Wikingern. Trotzdem blieb ihre Kultur über Generationen unverändert. Sie jagten und fischten ausschließlich zur Selbstversorgung. Im Jahr 1576 landete der englische Seefahrer Martin Frobisher auf der Baffin-Insel – in der falschen Annahme, hier das Tor zur Nordwestpassage gefunden zu haben. Ihm folgten andere Seefahrer. Im Jahr 1817 kamen die ersten britischen Walfänger. Sie waren auf der Jagd nach dem Grönlandwal (*Balaena mysticetus*) und entdeckten im Cumberland-Sund eine große Population. Durch die Walfänger lernten die Ureinwohner neue Rohstoffe und Werkzeuge kennen. Dadurch veränderten sich langsam ihre Lebensgewohnheiten. Spätestens seit 1950 wurde ihrer Kultur zunehmend der Boden entzogen: Die Inuit, die in weit verstreuten Dorfgemeinschaften lebten, wurden von der Regierung in Zentren umgesiedelt. Durch die Arbeit auf modernen Walfangstationen verlernten sie ihre eigenen Jagdmethoden.

Im heutigen Namibia, dem früheren „Deutsch-Südwestafrika“, errichteten die Kolonialherren ihre Farmen in Landstrichen, in denen Völker wie die Nama und Herero seit Generationen ihre Tiere weideten. Die Ureinwohner wehrten sich. Doch für ihre besser bewaffneten Gegner stellten sie keine Gefahr dar. Der deutsche Kommandant General von Trotha ließ verlautbaren: «Ich, der große General der deutschen Truppen, sende diesen Brief an das Volk der Herero [...]. Das Volk der Herero muss [...] das Land verlassen [...]. Innerhalb der deutschen Grenzen wird jeder Herero mit und ohne Gewehr, mit oder ohne Vieh erschossen, ich nehme keine Weiber oder Kinder mehr auf, ich treibe sie zu ihrem Volke zurück, oder lasse auf sie schießen. Dies sind meine Worte an das Volk der Herero.»

Diese Art der Diskrimierung von Minderheiten war im Zeitalter des Imperialismus nichts Ungewöhnliches. Viele Anthropologen, die damals „primitive Völker" erforschten, leisteten mit ihren Forschungsergebnissen lediglich dem in ihrer Heimat vorherrschenden Rassismus Vorschub. So schrieb Reverend J. G. Woods im Jahr 1870 über die Aborigines, dass ihnen ein Überleben wohl nicht zugestanden werden könne, da sie doch «kaum die Hälfte ihrer Pflichten als Menschen erfüllt haben». Er verurteilte die Aborigines, weil sie sich die Erde nicht untertan gemacht, nichts zu ihrer Verbesserung beigetragen hätten. Stattdessen hätten sie alles so belassen, wie sie es vorfanden. Woods hielt die Ankunft des weißen Mannes in Australien für einen Segen. Die Kolonialverwaltung ermögliche es den Ureinwohnern, ihre Lebensbedingungen zu verbessern. Dass dieses «Steinzeitvolk» vom Aussterben bedroht war, ergab sich für ihn aus der «Weltordnung, in der die niedere Rasse der höheren Rasse das Heim bereitet». Rassistisches Gedankengut wie dieses hielt sich bis ins 20. Jahrhundert. Noch 1926 schrieb der Paläonthologe Henry Fairfield Osborn (1857–1935), Direktor des Amerikanischen Museums für Naturgeschichte in New York: «In tropischen und subtropischen Regionen ist die Entwicklung des Menschen stehen geblieben oder gar rückschrittlich.» Der Forscher Roy Chapman Andrews (1884–1960), der im Auftrag des Museums zahlreiche Expeditionen leitete, kam 1948 zu der Ansicht: «Der Fortschritt [in der Entwicklung] der Rassen verlief unterschiedlich [...] Einige entwickelten sich mit unglaublicher Geschwindigkeit zu den Herren der Welt.»

Im 19. und 20. Jahrhundert war die Auffassung weit verbreitet, dass der christliche weiße Mann eine Kultur hervorgebracht habe, die für alle anderen Völker vorbildlich sei. Auch die christlichen Missionare machten sich mit dieser Überzeugung auf den Weg. Sie unterschieden sich darin kaum von ihren muslimischen und buddhistischen Vorgängern: Nach 622 wurde ganz Nordafrika von einer muslimischen Missionierungswelle überrollt, die die Bekehrung der Berber zum Islam zur Folge hatte. Auch die Konvertierung der Bergstämme in Zentralasien zum Buddhismus geht auf die Missionstätigkeit buddhistischer Mönche zurück. Heute finden sich die Spuren christlicher Mission überall auf der Welt. Dabei wurden auch bereits bestehende Glaubensordnungen in die christliche Lehre integriert. Auf den südpazifischen Inseln gibt es rein christliche Gemeinden. Daneben finden sich aber auch Mischformen, wie bei den Toraja auf Sulawesi, zu deren Begräbniszeremonien Büffelopfer gehören.

Doch wie sieht das Leben der indigenen Völker und Minderheiten heute aus? Ihnen allen gemein ist die Bedrohung ihrer Lebensformen und der Verlust des Lebensraumes. Sie wurden von staatlich organisierten Gesellschaften verdrängt.

Die Regierungen der Staaten bedrängen diese Völker, weil sie die landwirtschaftliche Nutzung des Landes behindern. Doch Stämme wie der der Massai, die einst mit ihren Herden durch die leeren Ebenen des Landes zogen, haben große Schwierigkeiten, innerhalb eines begrenzten Areals Landwirtschaft zu betreiben. In der Kolonialzeit wurde ihnen das Land per Vertrag abgenommen. Heute befinden sie sich im Interessenkonflikt mit den Betreibern von Wildlife-Parks, weil ihr Vieh die wild lebenden Tiere beeinträchtigt. Wenn die Parks jährlich auch noch Tausende von zahlenden Besuchern anlocken, sind die Behörden geneigt, das Thema Naturschutz über die Belange der Massai-Minderheit zu stellen. Doch die Massai denken selbst angesichts schwindender Erfolgsaussichten nicht daran, aufzugeben. Der frühere Krieger Tepilit Ole Saitoti sagt: «Auch heute bilden unsere Krieger ein Heer, das bereit ist, das Land und das Vieh des Stammes gegen feindliche Übergriffe zu verteidigen. Groß, schön und ohne Furcht – so werden unsere Krieger kämpfen bis zum Schluss.»

Auch das Land der Himba, an der Grenze zwischen Namibia und Angola, ist bedroht. Seit einigen Jahren planen die Regierungen beider Länder am Grenzfluss Kunene einen Staudamm zu errichten. Sollte das Projekt realisiert werden, wäre wertvolles Weide- und Ackerland der Himba von den Überflutungen betroffen. Dem Staubecken müssten zudem bedeutende Himba-Grabstätten weichen. Die Anwesenheit Tausender fremder Arbeitskräfte über Jahre hinweg und die Gefahr von bislang unbekannten Infektionen, die durch das Wasser übertragen werden könnten, würden sich aller Voraussicht nach katastrophal auf den Stamm auswirken. Zwar gibt es einige Jüngere, die das Projekt befürworten, weil sie sich Arbeit erhoffen. Die Mehrheit ist jedoch dagegen. Das Oberhaupt der Himba, Hikuminue Kapika, macht seine Haltung unmissverständlich deutlich: «Die müssen schon alle Himba totschießen, bevor sie den Damm bauen können.»

Andere indigene Völker bemühen sich seit langem vergeblich, einen rechtlichen Anspruch auf das Land durchzusetzen, das sie meist schon seit langer Zeit bewohnen. Der Kampf der Aborigines ist immer noch nicht abgeschlossen. Vor ungefähr 70 000 Jahren besiedelten sie Australien. Sie fühlen sich dem Land eng verbunden. Sie glauben, dass ihre Vorfahren jeden Baum, jeden Fels, jedes Tier und jeden Berg erschaffen haben. Seit der Zeit, in der die Welt ihren Anfang nahm, bilden Landschaft, Tiere, Pflanzen, Menschen und die Geister der Ahnen eine Einheit. Bei der Besiedlung durch die Weißen wurde Australien jedoch als *terra nullius,* als Niemandsland, bezeichnet. Bis ins 20. Jahrhundert hielt die australische Regierung an der Behauptung fest, dass der Kontinent vor 1778 unbewohnt gewesen sei. Somit erklärten sie die Landrechte der Aborigines für nichtig. Die weißen Australier taten sich schwer mit der Anerkennung der Ureinwohner. Doch mittlerweile ist bei der Regelung des Bodenrechts verschiedentlich zugunsten der Aborigines entschieden worden – ein kleiner Schritt in die richtige Richtung.

Einen ähnlichen Kampf haben die Inuit hinter sich. Ein Gesetz (*Alaska Native Claims Settlement Act*) von 1971 sprach den Ureinwohnern 925 Millionen Dollar und 160 000 Quadratkilometer Land zu. Vier Jahre später trat in Quebec das *James Bay Agreement* in Kraft, ein Abkommen, dass die Landansprüche der Ureinwohner der James Bay anerkannte. Grönland erhielt 1979 den Status eines eigenständigen Gebiets im Königreich Dänemark. Im Jahr 1999 reagierte die kanadische Regierung auf die Forderung der Inuit nach mehr Land und Nutzungsrechten mit der Gründung von Nunavut, einem zwei Millionen Quadratkilometer großen Gebiet im Norden Kanadas. Nunavut ist zwar kein autonomer Inuit-Staat, aber er symbolisiert eine gewisse Anerkennung ihrer Ansprüche. Dieser Schritt hat den Inuit zu größerer Unabhängigkeit verholfen.

Auch heute noch werden Ansprüche ethnischer Gruppen vor Gerichten verhandelt – Versuche, die Unterdrückung und das erlittene Unrecht wieder gutzumachen. So zogen die Herero im Jahr 2002 vor Gericht, um von der deutschen Regierung eine Entschädigung für ihre Behandlung während der Kolonialzeit zu erstreiten. Die Massai wollen die ihnen noch verbliebenen Ländereien vor einer kommerziellen Ausbeutung schützen und streben die Hoheit über ihre heiligen Orte Endoinyo Ormoruwak („Hügel der Älteren") und Entim e Naimina Enkiyio („Wald der verlorenen Kinder") an. Die im Ngorongoro-Nationalpark lebenden Massai versuchen, Landrechte auf die Gebiete einzufordern, die sie seit Jahrhunderten bewohnen. Sie wollen so auch sicherstellen, dass ihnen ein gerechter Anteil des Gewinns zukommt, den diese äußerst beliebte Touristenattraktion einbringt.

Die Erschließung ihres Lebensraumes durch den zunehmenden Tourismus ist für viele indigene Völker und Stämme die jüngste in einer Reihe von Veränderungen, mit denen sie zurechtkommen müssen. Die ersten Forschungsreisenden, die sich in die ihnen unbekannten Teile der Erde vorwagten, hatten bei ihrer Rückkehr fantastische Geschichten von seltsamen Menschen und herrlichen Orten zu erzählen. Damit konnten sie die zu Hause Gebliebenen begeistern und beeindrucken. Mit der Erfindung der Fotografie wuchs die Faszination noch. Forschungsreisende wie Sir Wilfred Thesiger, Herbert Ponting und Frank Hurley konnten mit wunderschönen, faszinierenden Schwarzweißbildern aufwarten. Auf ihnen waren ferne Landschaften und exotische Völker zu sehen, die in eigenartiger Kleidung völlig unbekannte Riten vollführten. Obwohl das Interesse in Europa und Amerika geweckt war, blieben Reisen in weit entfernte Länder lange Zeit den Reichen vorbehalten. Erst mit dem Ausbau neuer Transportwege und der Entwicklung des Flugverkehrs konnten immer mehr Menschen in die Ferne aufbrechen. Heutzutage gehören Pauschalreisen nach Thailand, Indonesien oder Afrika zum Angebot jedes Reisebüros.

Was ist von einer Entwicklung zu halten, durch die Völker, die seit Jahrhunderten in entlegenen, geschützten Enklaven existierten, nun von jedermann besucht werden können?

Die betroffenen Regionen und Länder haben unterschiedlich auf diese Situation reagiert. In Nepal ist seit den 1950er-Jahren innerhalb kurzer Zeit eine stetig wachsende Tourismusindustrie aus dem Boden gestampft worden. Immer mehr wohlhabende Bergsteiger aus dem Westen wollen den Mount Everest besteigen oder zumindest eine Trekkingtour in der Umgebung des Berges machen. Viele Nepalesen gaben die traditionelle Bewirtschaftung des Landes auf, um am Tourismus zu verdienen. Dabei gehen insbesondere diejenigen, die als Träger für die Expeditionen arbeiten, ein lebensgefährliches Risiko ein. Für einen sehr geringen Lohn transportieren sie meist schwere Lasten unter extremen klimatischen Bedingungen – oft, ohne über die richtige Ausrüstung oder eine Bergsteigerausbildung zu verfügen. Da der Staat nicht in der Lage ist, die rasante Entwicklung zu steuern, wird die örtliche Bevölkerung ausgebeutet. Die Menge der Besucher verursacht zudem Umweltschäden mit unabsehbaren Folgen. Ein Umdenken erfolgt nur sehr langsam: Einzelne Gruppierungen und Stiftungen haben erste Erfolge erzielt. Westliche Medien, die vermehrt – und kritisch – über die Region berichteten, waren eine zusätzliche Hilfe.

Indigene Völker, die bislang alle Rohstoffe und Güter, die sie nicht selbst produzierten, im Tauschhandel mit anderen erwarben, öffneten sich dem kommerziellen Handel. Seit Ladakh 1975 den Fremdenverkehr zuließ, sind charakteristische Merkmale der Ladakhi-Gesellschaft wie Stolz und Selbstvertrauen einem Gefühl von Minderwertigkeit und Unzufriedenheit gewichen. Anders als früher vergleichen die Ladakhi ihr Leben mit westlichen Standards, die im Land zunehmend idealisiert werden. Es dauerte nicht lange, bis wirtschaftliche Zwänge die lokale Kultur bestimmten. Die Männer, die früher die Felder bestellten, suchten sich in der Stadt Arbeit. Das schwächte das Gefühl der Zusammengehörigkeit innerhalb der Familie und der Gemeinschaft. Umweltverschmutzung, Verbrechen und eine rasante Urbanisierung gehören nun zum Alltag der Ladakhi.

Ähnliche Erfahrungen machten die in Thailand, Burma und Laos ansässigen Lisu. Um mehr Geld zu verdienen, begannen sie mit dem Aufbau einer lukrativen Opiumindustrie. Einige Bauern gaben den Ackerbau völlig auf. Sie haben sich ganz auf den Anbau von Mohn und seine Verarbeitung zu Opium verlegt. Teilweise wird sogar eine Weiterverarbeitung zu Heroin betrieben.

Eine weitere negative Auswirkung des Tourismus manifestiert sich im Wiederaufleben bereits abgelegter Riten und Praktiken. Die Frauen der Padaung in Burma und Thailand waren berühmt für ihren außergewöhnlichen Schmuck: Sie trugen eine Spirale von Messingringen um den Hals. Doch wenn die Ringe entfernt wurden, hatte sich die Halsmuskulatur so zurückgebildet, dass die Frauen ihren Kopf nicht mehr aus eigener Kraft halten konnten. Diese Tradition war mittlerweile fast vollständig aufgegeben worden. In letzter Zeit weisen Presseberichte vermehrt darauf hin, dass verantwortungslose Reiseveranstalter die Frauen nun dafür bezahlen, dass sie ihren Kindern die Ringe wieder anlegen.

Doch nicht alle Länder und Völker haben zugelassen, dass der Tourismus in so drastischer Weise in ihr Leben eingreift. Bhutan hat sich den Themen Tourismus und Verwestlichung sehr überlegt genähert. Seit der touristischen Erschließung des Landes im Jahre 1952 wurde die Anzahl der Besucher begrenzt. In den 1980er-Jahren durften jährlich nicht mehr als 2 000 Touristen einreisen. Anfangs war eine Einreise sogar nur für organisierte Gruppen möglich. Auf geführten Rundreisen konnten sie vor allem die Landschaft kennen lernen. Tempel und Klosterburgen (*dzongs*) waren nicht öffentlich zugänglich. Heute sind einige von ihnen zu Museen umfunktioniert worden. Diese Herangehensweise mag rigide scheinen, verhinderte aber Umweltschäden, wie sie in anderen Bergregionen oft zu beklagen sind. Reisen nach Bhutan sind nach wie vor kostspielig, sodass auch heute nur wenige Touristen das Königreich besuchen.

Viele Stammesgemeinschaften haben schnell gelernt, dass das Geschäft mit dem Tourismus einiges an Know-how erfordert, wenn die Einnahmen ihnen selbst zugute kommen sollen – und nicht den ausländischen Investoren und Veranstaltern. Einige Massai haben erkannt, dass es für sie derzeit kaum eine Alternative zum Fremdenverkehr gibt. Ökotourismus kann die Lösung sein: Die Besucher lernen die Natur und die Kultur der Massai durch geführte Touren kennen und verstehen. Das Geld bleibt bei den Bewohnern der Region, Schutzmaßnahmen zur Erhaltung der Natur werden mit dem erwirtschafteten Gewinn finanziert. Auch in anderen Regionen gibt es vergleichbare Initiativen: Sie ermöglichen es den Stämmen, ihren Lebensunterhalt durch die Herstellung von Kunsthandwerk, Kleidung, Teppichen und Schmuck zu verdienen. Solche Bemühungen tragen dazu bei, dass die traditionellen Fertigkeiten und Fähigkeiten dieser Völker nicht in Vergessenheit geraten.

Fast alle indigenen Völker sind heute einem immer schnelleren und massiveren Wandel ausgesetzt. Weltweit gibt es rund 70 Stämme, die noch kaum Kontakt mit der Außenwelt haben. Ihre Chance, so wie bisher weiterleben zu können, ist sehr gering. Obwohl oder gerade weil die traditionelle Lebensweise so vieler Ethnien gefährdet ist, werden viele von ihnen mittlerweile aktiv. Sie wollen erreichen, dass die Mehrheit des Landes, dem sie angehören, ihre besondere Lebensweise anerkennt. Sie fechten offizielle Entscheidungen an und nutzen die Medien, um die Weltöffentlichkeit auf sich aufmerksam zu machen. Das vorliegende Buch dokumentiert und erklärt mit Kommentaren und eindrucksvollen Bildern die Vielfalt indigener Völker, die es heute noch gibt. Es zeigt ihre einzigartigen Traditionen und Werte, ebenso wie ihren Kampf darum, ihr kulturelles Erbe für künftige Generationen zu bewahren.

Das Land des Ockers

Die Himba

Die Himba leben in Kaokoland, einem 50 000 Quadratkilometer großen Gebiet im Nordwesten Namibias. Sie kamen vor ungefähr 400 Jahren während einer der ersten Völkerwanderungen der Bantu aus dem Great Rift Valley hierher. Die Himba gehören zu den wenigen Halbnomaden, die es im südlichen Afrika noch gibt. Als sie in den 1880er-Jahren von Viehdieben der Oarlam heimgesucht wurden, sahen sich einige gezwungen, wieder als Jäger und Sammler umherzuziehen. Viele flohen nach Angola, wo man sie nun „Ovahimba" – „Bettler" – nannte. Als Namibia Ende des Ersten Weltkriegs von deutscher in südafrikanische Regentschaft wechselte, kehrten die meisten nach Kaokoland zurück.

Die Hirten leben in Gemeinschaftssiedlungen, den *onganda*. Ihre Tiere halten sie während der Trockenperioden in provisorischen Pferchen (*ohambo*). Viele bauen heute zudem Getreide an und stellen Waren her, damit sie Perlenschmuck, Alkohol, Mais und andere Produkte erwerben können. In den letzten Jahren ist der Stamm in engeren Kontakt mit der westlichen Zivilisation gekommen. Da die Himba aber am abgeschiedenen Kunene-Fluss im nördlichen Namibia und südlichen Angola leben, sind sie weiterhin relativ autark geblieben. Während sich die Männer zunehmend westlich kleiden, tragen die Frauen noch Schürzen aus weichem Leder und bedecken ihren bloßen Oberkörper mit einer Lotion aus Butterfett und Ocker (Jacobsohn, 1988).

Die Gesellschaftsstruktur der Himba orientiert sich gleichermaßen an väterlichen und mütterlichen Verwandtschaftsbeziehungen: Erstere regeln die Verteilung und Vererbung religiöser Symbole, Letztere die der Herden (Crandall, 1991). Zu den wichtigen Gebräuchen gehört die Bewachung des heiligen Feuers (*okuruwo*). Es brennt jede Nacht in der Hütte des Häuptlings und soll die Verbindung zu den Vorfahren aufrechterhalten. Oft handelt es sich bei dem Feuer nur um einen glimmenden Stamm vom Maponebaum; dennoch wird es jeden Morgen zu einer Feuerstelle nach draußen gebracht. Wichtige Ereignisse finden in der Nähe des *okuruwo* statt. Jeden Tag versammeln sich die Himba bei Sonnenaufgang zu einem Ritual um das Feuer, noch bevor sie den ersten Schluck Milch trinken.

In den 1980er-Jahren bedrohten die kriegerischen Auseinandersetzungen zwischen der ursprünglichen Freiheitsbewegung SWAPO und der südafrikanischen Gruppierung „South African Defence Force" (SADF) die friedliche Existenz der Himba. Einige wurden in die Fehden entlang der Grenze zwischen Angola und dem heutigen Namibia verwickelt. Zudem fielen die Kämpfe in eine dreijährige Dürreperiode, die den Viehbestand dezimierte. Experten befürchteten sogar, dass der Stamm nicht überleben würde (Jacobsohn, 1990). Indem die Himba Tiere bei denen, die weniger schwer getroffen waren, ausliehen, gelang es ihnen aber, ihren eigenen Bestand wieder aufzubauen. In ihrer Geschichte haben Dürrezeiten eine so bedeutende Rolle gespielt, dass die *omuyandje* – eine Person, die einer anderen Nahrung gibt – ein hohes Ansehen genießt. Die Geschichten über großartige *omuyandje* werden noch lange nach deren Tod weitergegeben (Bollig, 1997).

DER KUNENE (SEITEN 18–19)
Ein Foto von Kazuyoshi Nomachi bringt mich auf die Idee, zu den Epupa-Fällen zu reisen. Ich sehe den Fluss zum ersten Mal aus dem Cockpit nach einem dreieinhalbstündigen Flug von Windhuk. Er ist von Palmen gesäumt und weist viele tief erodierte Stufen auf, die das Wasser hinabstürzt. Der Fluss ist scheinbar durchsetzt von Inseln. In Wirklichkeit handelt es sich um riesige Affenbrotbäume (Adansonia digitata). *Zu meinem Entsetzen erfahre ich am gleichen Abend von Plänen zum Bau eines Staudamms am Fluss. Ein 140 Quadratkilometer großes Gebiet mit Siedlungen, Weideland und Grabstätten der Himba soll überflutet werden. Einem Bericht der „Weltkommission für Staudämme" zufolge sind die Stämme bei solchen Bauvorhaben oft die Verlierer.*

HIMBA-FRAU IM DORF OMUHONGA (RECHTS)
Die Himba-Frauen verbringen jeden Morgen mehrere Stunden mit der Schönheitspflege. Sie reiben den ganzen Körper mit einer Lotion aus ranzigem Butterfett und Ockerpulver ein, der sie das aromatische Harz des Omuzumba-Strauchs beimischen. Diese Lotion verleiht dem Körper einen intensiven rötlichen Glanz. Die Region des Kaokoland heißt wörtlich übersetzt „Land der ockerfarbenen Menschen".

HIMBA-SCHÖNHEIT
(LINKS)
Die Himba empfinden den Körper nicht als nackt, genauso wie es auch absurd wäre, das Gesicht als nackt zu bezeichnen. Diese Einstellung lässt auf ein Lebens- und Menschenbild schließen, bei dem der Körper eins ist mit der ihn umgebenden Landschaft und den Tieren.

BEIM FRÜCHTESAMMELN
(OBEN)
Um sich anderen anzuschließen, bahnen sich zwei Mädchen flink ihren Weg durch den Wald. In der Nähe habe ich zwei Frauen fotografiert. Eine von ihnen ist im vierten Monat schwanger und pflückt mit zwei jungen Mädchen hoch oben in einem Baumwipfel Früchte. Die Himba gehören zu den wenigen Stämmen, die sich immer noch mehr oder weniger selbst versorgen.

DIE EPUPA-FÄLLE (LINKS)
«In unserer Welt ist ein Damm klein. Er staut Trinkwasser für das Vieh auf. Der Damm, von dem ihr sprecht, wird uns und unser Land vernichten.» Häuptling Katjira Muniombara befürchtet außerdem, dass Neuankömmlinge wertvolles Weideland in Besitz nehmen. Die Stammesführer beschweren sich darüber, dass der Damm Hunderte von Gräbern überfluten würde. Gräber spielen im Glauben und der Sozialstruktur des Stammes eine bedeutende Rolle. Doch die namibische Regierung plant, in fünf Jahren über 1 000 Arbeiter aus dem Ausland in einem provisorischen Dorf nahe den Epupa-Fällen anzusiedeln.

DER HÄUPTLING (RECHTS)
Unter den vielen faszinierenden Ritualen der Himba ist das des heiligen Feuers (okuruwo) *wohl das Interessanteste. Am Tag brennt es in einem Areal vor der Hütte des Häuptlings, der es bewacht. Nach seinem Tod wird die Hütte eingerissen, das Feuer erstickt. Seine Familie tanzt die Nacht hindurch einen Trauertanz. Vor der rituellen Bestattung wünscht jeder dem Toten «*karepo nawa*» – alles Gute. Später zündet die Familie mit der Glut des alten Feuers einen neuen Maponebaumstumpf an und bringt so den spirituellen Frieden zurück.*

ROCK AUS KALBSLEDER
(OBEN)
Der ocker eingefärbte Rock aus Kalbsleder verwandelt sich mit winzigen Kaurimuscheln und Perlen aus Metall zu einem modischen Kleidungsstück. Die Himba-Frauen reiben auch heute noch ihren Körper und ihre Zöpfe mit Ockerpigment ein. Ihre Traditionen bewirken aus anthropologischer Sicht „Wandel durch Kontinuität": eine bewusste Reaktion auf den zunehmenden Einfluss der westlichen Zivilisation.

FUSSGELENKSCHMUCK
(RECHTS)
Himba-Frauen schmücken sich mit Knöchelreifen und Gürteln. Die Reifen sind mit Perlenschnüren aus Draht gefertigt. Schmuck hat eine große Bedeutung und stellt ein wichtiges Element in der Kultur dar. Schon Neugeborene bekommen Halsketten. Ältere Kinder tragen auch Muscheln.

HIMBA-MÄDCHEN (SEITE 27)
Das Haar der vierjährigen Tochter des Häuptlings ist sehr sorgfältig in vier Zöpfen geflochten. Zwei der dicken Zöpfe hängen ihr ins Gesicht. Sobald sie die Pubertät erreicht, wird ihre Mutter diese Zöpfe lösen und Dutzende von kleinen Zöpfen flechten, die ihr ganzes Gesicht bedecken. Diese Frisur wird sie so lange tragen, bis sie zur Frau geworden ist. Erst dann bindet sie ihr Haar am Hinterkopf zusammen und zeigt zum ersten Mal ihr Gesicht.

OTJUNDA (RECHTS)
Für den Tanz otjunda *oder „Kälbergehege" stellen sich Frauen in einem großen Kreis auf und klatschen in die Hände. Junge Männer und Frauen treten in die Mitte des Kreises und beeindrucken die anderen mit ihren Tanzkünsten. Bald stellt sich eine ausgelassene Stimmung ein. Die Männer und Frauen flirten und necken sich bis spät in die Nacht.*

Die Herero

Die Vorfahren der Herero kamen vor ungefähr 400 Jahren von Norden ins heutige Namibia. Manche blieben im nördlich gelegenen Kaokoland. Ihre Nachfahren sind die Himba. Andere wanderten weiter nach Süden und siedelten sich im südlichen Angola, in Namibia und Botswana an. Zu den Herero zählen heute die Stämme der Tjimba und Ndamuranda im Kaokoland, die Maherero, die rund um die Stadt Okahandja leben, und die Zeraua bei Omaruru.

Die Herero sind nicht nur mit den Himba verwandt und sprechen die gleiche Sprache. Sie sind gleichfalls Hirten und leben heute oft mit den Himba zusammen. Da sie in der jüngeren Vergangenheit anderen Einflüssen unterlagen, kleiden sie sich anders als die Himba und bewohnen andere Häuser. Die Herero sind insgesamt stärker vom Westen beeinflusst als die Himba. Die Frauen tragen farbintensive, hochgeschlossene, lange Kleider und kunstvoll geschlungene Kopftücher in leuchtenden Farben. Die Männer trifft man in Jacken an, die an Tiroler Trachten erinnern. Dieser Stil geht auf deutsche Missionare im 19. Jahrhundert zurück. Sie empfanden die Nacktheit der Herero als anstößig und hielten sie dazu an, Kleidung zu tragen.

Zunächst beeinflussten die Deutschen das Leben der Herero wenig. Das änderte sich jedoch nach 1894 mit der Ankunft der Schutztruppe, die die Gesetze durchsetzen sollte. Von 1904–1908 kam es sogar zum Krieg. In dieser Zeit wurde der Stamm fast vollständig ausgelöscht. Über 50 000 Stammesangehörige verloren im Kampf oder als Opfer von Lynchjustiz ihr Leben. Einige Historiker sehen die Kriegsursache darin, dass die Ureinwohner gegen die Einnahme ihres Landes rebellierten (Bley, 1971). Neueren Forschungen zufolge, die sich mündlicher Überlieferungen der Herero bedienen, war der Krieg aber von den Deutschen geplant: Sie sollen bewusst zunächst die Männer als Sklaven in südafrikanische Minen „exportiert“ haben, um den Stamm zu schwächen. Erst dann sollen sie den Krieg begonnen haben (Gewald, 1999). Im Jahr 2002 zogen die Herero vor Gericht und forderten Schadensersatz von der deutschen Regierung.

Die Herero sind auch heute noch Halbnomaden, die zeitweise in Siedlungsgemeinschaften mit Himba-Familien zusammenleben. Ihre Behausungen sind im Gegensatz zu den runden Bauten der Himba quadratisch. Ursprünglich haben die Frauen sie aus Schößlingen gebaut, die sie mit Kuhdung und Flusssand abdichteten und glätteten. Heute werden auch andere Materialien verwendet, darunter Gummi von Autoreifen, Plastik, Pappe und Altmetall. Der Begriff „Haus“ (*ondjuwo*) bezeichnet schützende Unterstände jeder Art, die teilweise oder ganz verputzt wurden (Jacobsohn, 1988). Ein Camp, das aus einer Gruppe von Häusern besteht, heißt *onganda*. Es dient verschiedenen Familien als Zuhause, denn sie müssen immer wieder den Ort wechseln, um neues Weideland für ihre Herden zu finden. Der Lebensstil der Herero verändert sich aber zunehmend, weil immer mehr Kinder zur Schule gehen. So erlernen nur noch wenige von ihnen die traditionellen Fertigkeiten der Viehzucht.

HERERO-MÄDCHEN (LINKS)
Für die Herero ist sowohl die Familie mütterlicherseits als auch diejenige väterlicherseits bedeutsam: Wohnort, Religion und Autorität gehen auf die Familie des Vaters zurück; materielle Güter und Vermögen werden über die Linie der Mutter vererbt. Die Herero glauben an ein übergeordnetes Wesen, das sie omukuru *oder Njambi Karunga (Der Große) nennen. Wie die Himba haben sie ein heiliges Feuer, das Leben, Wohlstand und Fruchtbarkeit symbolisiert. Die meisten sind jedoch zum Christentum konvertiert, das sie mit Ahnenkult und Magie praktizieren.*

SCHAL (SEITEN 32–33)
Diese unfruchtbare, staubige Ebene liegt am Rand von Sesfontein. Dort erblicke ich vom Landrover aus eine junge Frau mit ihrem Baby. Nach längerem Zögern willigt sie ein, sich fotografieren zu lassen. Ich bin verwundert, wie die Schönheit dieser Frau in einem so lebensfeindlich anmutendem Umfeld bestehen kann.

SONNENUNTERGANG IM KORRAL (OBEN)
Einige Frauen halten in der Dämmerung einen Plausch im Korral. Nachts wird das Vieh hier zum Schutz vor Raubtieren und Räubern untergebracht. Die Kleidung der Herero-Frauen ist unverwechselbar: Sie tragen lange, fließende wilhelminische Gewänder mit großem Kopfschmuck. Aus Stofflagen von über 12 Meter Länge werden zahlreiche Petticoats genäht. Die Herero tragen sie übereinander, was ihrem Aussehen Fülle verleiht. Zwei Frauen, die nebeneinander die Straße entlanggehen, können den gesamten Bürgersteig einnehmen.

BEIM SAMMELN VON BRENNHOLZ (RECHTS)
Die Frauen holen das Wasser und sammeln Holz für das Feuer. Es sind anstrengende Arbeiten, die täglich verrichtet werden müssen. In der gleißenden Mittagshitze kosten sie viel Zeit und Mühe. Bei den Herero, die aufgrund der Dürre eine unsichere Existenz haben, ist die doppelte Abstammungslinie von Vorteil. So können die Menschen in bedrohlichen Situationen zwei Gruppen von Verwandten um Hilfe bitten.

DAS DORF SESFONTEIN

(LINKS)

Der älteste Mann eines patriarchalischen Familienclans ist das Oberhaupt der Herero-Familie. Die Söhne leben auch nach der Hochzeit beim Vater. Die Töchter ziehen nach der Eheschließung bei den Eltern ihres Mannes ein und schließen sich dem dortigen Clan an. Die Vererbung von materiellem Gut – bei den Himba ist das vorrangig Nutzvieh – erfolgt über die Familie der Mutter. Also erbt ein Sohn nicht das Vieh seines Vaters, sondern das Vieh seines Onkels mütterlicherseits.

Die trockene Savanne

Die Massai

Die Massai sind rothäutige, prächtig geschmückte Krieger in der ostafrikanischen Savanne. Sie gelten oft als Inbegriff des exotischen Afrika. Mit heute 350 000 Angehörigen bewohnen sie seit dem 15. Jahrhundert die Region entlang der Grenze zwischen Tansania und Kenia. Bis ins ausgehende 19. Jahrhundert erstreckte sich ihr Gebiet zwischen dem Laikipia-Distrikt in Zentralkenia bis zu den Ugogo- und Ukene-Distrikten in Zentraltansania (Arhem, 1984). Dann eroberten die Europäer den nördlichen Teil ihres Territoriums. Die Cholera und Viehkrankheiten forderten ebenfalls ihren Tribut, und der Stamm drohte auszusterben.

Ursprünglich waren die Massai ein Hirtenvolk. Sie wanderten über das Land auf der Suche nach Wasser und neuem Weideland. Sie lebten in Lagern (*enkang*), in denen sie Hütten aus Lehm und Dung errichteten. Die Aufgabenverteilung erfolgte nach dem Alter: Heranwachsende Jungen (*layiok*) kümmerten sich um die Herden. Junge Krieger (*lmurran*) verteidigten ihre Gemeinschaften und halfen beim Viehtrieb. Die Älteren (*lpayani*) brachten ihre Lebenserfahrung und Klugheit bei der Führung des Stammes ein (Galaty, 1981). Wer 15 Jahre der Gruppe der Älteren angehört hatte, erhielt das Vorrecht, ein *oloiboni* zu werden – ein Mitglied in der Gruppe der Führer, Wahrsager, Priester und Propheten der Massai.

Die Massai sind auch heute noch stolz darauf, Krieger zu sein. Der Übergang zu diesem Status wird bei ihnen mit einer aufwändigen Beschneidungszeremonie begangen. Alle jungen Männer in einer bestimmten Gegend erleben diese Initiation gemeinsam. Tepilit Ole Saitoti erinnert sich in seinem Buch „Die Massai“ an seine Zeit als Krieger: «Wir sollten mutig und brillant sein, prachtvolle Liebhaber, furchtlos, athletisch, arrogant, weise, und vor allem: dem Wohl unserer Kameraden und der Gemeinschaft der Massai verpflichtet.»

In den letzten Jahrzehnten hat sich das Leben der Massai jedoch nachhaltig verändert. Während der 1960er-Jahre begann die kenianische Regierung mit der Umwandlung von „gemeinschaftlichem“ Land in private Farmen. Die Regierung wollte die Nutzung nicht mehr auf Weidevieh beschränken, sondern die Rinder- und Milchwirtschaft sowie den Weizenanbau fördern (Arhem, 1984). Den Massai verblieben nur noch Randgebiete. Selbst diese Zonen werden mittlerweile von Wildlife-Parks begehrt. Einige Stämme kämpfen um Zugangsrechte zu ihren einstigen Weidegebieten und heiligen Stätten wie etwa Endoinyo Ormoruwak („Berg der Ahnen“) und Entin e Naimina Enkiyio („Wald des verlorenen Kindes“) (Survival, 1998).

Im Angesicht einer möglichen Niederlage haben sich geschäftstüchtige Massai auf neue Formen der Viehzucht eingelassen. Die Kilonito, Elangata Wuas und Torosei experimentieren nun mit Straußenfarmen, Gazellenaufzucht und der Imkerei. Der Tourismus bringt mittlerweile ebenfalls Geld. Einige Massai engagieren sich sogar im Ökotourismus.

AFFENBROTBAUM
(SEITEN 38–39)
Der Name des Nationalparks Lake Manyara ist dem Massai-Wort manyara *entlehnt. Es bezeichnet eine Pflanze, die zum Flechten der Pferche verwendet wird. Der Park beläuft sich auf nur 330 Quadratkilometer. Obwohl fast zwei Drittel der Fläche Wassergebiet sind, gibt es dennoch viele unterschiedliche Habitate.*

KRIEGER AM KRATER NGORONGORO (LINKS)
In ihrer Zeit als Krieger befinden sich die Männer im Stadium höchster physischer Potenz. Der Kopf eines neuen Kriegers wird bei der Initiationszeremonie zum lmurrano *kahl geschoren. Die Krieger lassen das Haar bis zu dem Zeitpunkt, an dem sie ein Stammesälterer werden, nur schneiden, wenn der Vater oder ein enger Verwandter stirbt. Sie verbringen Stunden damit, sich gegenseitig die Haare zu Zöpfen zu flechten.*

MONAT DER VÖGEL
(SEITEN 42–43)
Junge Männer (laibartok) *tragen während des „Monats der Vögel“ einen speziellen Kopfschmuck. Er besteht aus Fasern der Dumpalme, die zu Bändern geflochten werden. Das Federkleid von ausgenommenen Vögeln wird mit dem Schnabel befestigt und hängt vom Nacken herab.*

Ungefähr einen Monat nach ihrer Beschneidung – der genaue Zeitpunkt wird vom Mondzyklus bestimmt – feiert der Stamm die neuen Krieger mit dem Fest der Vögel (lmugit loungwen)*: Die* laibartok *lassen morgens ihren Kopfschmuck zurück, wenn sie die Hütte verlassen. Die Mütter tragen ihn und geben die Federn an andere verheiratete Frauen oder enge Familienmitglieder weiter.*

LAIBARTOK (LINKS)
Die laibartok *tragen Umhänge aus Schafleder, das sie mit einer Mischung aus Schaffett und gebranntem Kuhdung einschwärzen. Sie malen mit feuchter weißer Kreide symbolträchtige Muster auf ihre Gesichter. An den Füßen tragen sie Sandalen aus ungegerbtem Leder. Am Morgen nach der Beschneidung fertigen die Älteren für jeden der Jungen einen Bogen und acht Pfeile aus Stöcken. Mit diesen stumpfen Pfeilen jagen die Jungen nach Vögeln für ihren Kopfschmuck – und nach jungen Mädchen. Es entwickelt sich ein Spiel: Die Mädchen laufen davon und verstecken sich. Wenn ein Junge trotzdem ein Mädchen trifft, muss es ihm eine Kaurimuschel schenken, die er sich an seinen Gürtel bindet.*

MASSAI-FRAU (SEITE 46)
Auf dem Weg zum sonntäglichen Markt von Mingingu treffe ich diese Massai. Ihr außergewöhnlicher Schmuck fällt mir auf. Einige Frauen tragen neben kleinen Kreolen aus Bronze lange, mit Perlen verzierte Ohrringe. Die Ohrringe sind aus Leder gefertigt und mit Perlen überzogen. Sie werden durch große Löcher in den Ohrläppchen gezogen, die kurz vor der Hochzeit gebohrt werden.

MÄDCHEN MIT EINEM FLECHTKORB (SEITE 47)
Eine Massai transportiert mehrere nkarau *in einem Flechtkorb. Solche* nkarau *gibt es in unterschiedlichen Formen. Darin werden Milch, Dörrfleisch und Wasser aufbewahrt. Die Frauen fertigen die Behälter aus Holz, Leder oder Kürbis-Kalebassen. Andere sind aus ausgehöhlten Zweigen hergestellt und haben Verschlüsse aus Ziegenleder. Sie dienen zur Aufbewahrung von Tabak, Fett und einer Art Butter. Einige Familien verwenden auch ausgehöhlte Hörner und Knochen von Tieren sowie Elfenbein als Tabakdosen, die die Stammesältesten um den Hals tragen.*

Jenseits des Jademeers

Die Turkana

Die meisten Turkana leben heute im Nordwesten Kenias in einem Wüstengebiet und rund um den Turkanasee. Im 17. Jahrhundert waren sie aus dem Grenzgebiet von Uganda und dem Sudan nach Osten gezogen. Sie zählen um die 250 000 Stammesmitglieder und werden meistens in zwei Gruppen unterteilt: Die Nimonia leben in Waldgebieten und die Nocuro vorwiegend in der Savanne.

Die Gesellschaft besteht nicht aus Clans, sondern aus Gemeinschaften, die sich aus der Nachbarschaft ergeben (*adakar*). In erster Linie sind sie Viehzüchter, halten jedoch auch Dromedare, Fettschwanzschafe (*Ovis vignei platyura*), Ziegen und Esel (Little, Leslie und Campbell, 1992). Mithilfe von Missionaren und nichtstaatlichen Organisationen sind die meisten Turkana sesshaft geworden. Einige haben die Viehzucht gegen eine Existenz als Fischer am Turkanasee eingetauscht. Sie betreiben außerdem Ackerbau, wenn es die Wetterlage zulässt. In der Vergangenheit haben die geringen Niederschläge bereits schreckliche Auswirkungen auf den Stamm gehabt. Die lang anhaltende Dürrezeit der 1980er-Jahre kostete viele das Leben.

Die Turkana haben alte Sitten und Gebräuche aufgegeben. So praktizieren sie anstelle der Beschneidung der Männer heute einen Initiationsritus (*athapan*). Andere Traditionen haben sie bewahrt, etwa ihren ungewöhnlichen Ritus der Eheschließung: Nachdem sich die zukünftigen Ehepartner über die Heirat verständigt haben, wird die Frau entführt. Die Entführung ist zwar gestellt, soll aber echt wirken. Erst Jahre später – wenn das erste Kind entwöhnt ist – wird die Ehe offiziell anerkannt.

Viele Turkana tragen weiterhin traditionelle Kleidung. Es ist nicht ungewöhnlich, dass sie im Berufsalltag westlich gekleidet und zu Hause in ihrer Stammestracht zu sehen sind. Frauen tragen Lederkleidung, die mit vielfarbigen Perlensträngen geschmückt ist. Unverheiratete Mädchen legen einen dreieckigen Lederschurz (*arrac*) an, den Perlen verzieren. Es ist immer noch Sitte, dass die Frauen Ohrlöcher haben. Viele tragen auch einen Lippenpflock. Die Männer schmücken ihr Haar zu besonderen Gelegenheiten mit Federn und setzen blau bemalte Kappen auf. Trotz der Hitze halten sie eine wollene Decke um die Schultern geschlungen. Tätowierungen sind sehr verbreitet. Ursprünglich ließen sich die Männer immer auf der rechten Schulter tätowieren, wenn sie einen männlichen Feind getötet hatten, und auf der linken, wenn ihr Opfer eine Frau war.

Die Turkana waren schon immer für ihren Kampfesmut bekannt. Viehdiebstahl war auch früher zwischen rivalisierenden Stämmen durchaus üblich; doch heute sind die Diebe mit Sturmgewehren ausgerüstet und wesentlich aggressiver. Im Jahr 1996 war die Armee gezwungen, in eine Auseinandersetzung zwischen den Turkana und Samburu einzugreifen. Flüchtlinge aus den unruhigen benachbarten Regionen haben Kenia an die Grenzen seiner Möglichkeiten gebracht: Die eigenen Ressourcen sind begrenzt, und die schlechte wirtschaftliche Lage des Landes tut ein Übriges.

DAS JADEMEER
(SEITEN 48–49)
Die Lavafelder sind durchsetzt von isoliert stehenden, blattlosen Bäumen und vereinzelten Akazien. Die scheinbar endlose Fahrt endet am Ufer des Turkanasees. Flamingos suchen in Salzwassertümpeln, die sich kontrastreich vom türkisfarbenen Wasser des Jademeers abheben, nach Nahrung. Hinter dem Jademeer erstreckt sich der Nationalpark von South Island. Wir folgen der Route nach Loyongalani und treffen im Schatten hoher Dumpalmen auf Turkana-Männer.

DAS MÄDCHEN APENYO LOKITO (RECHTS)
Sie lebt in einer Region, in der selten über 50 mm Niederschlag im Jahr fallen. Die Temperaturen werden durch den Wind zwar abgekühlt, dennoch erreichen sie bis zu 45 Grad und mehr. Apenyo Lokito hat gerade einen zweitägigen Fußmarsch hinter sich. Sie bringt ihrer Familie, die in einiger Entfernung Esel hütet, Essen. Die junge Frau ist 18 Jahre alt und hat ein 17 Monate altes Baby. Ihr gesundes Aussehen ist ein Indiz für die Unverwüstlichkeit der Turkana. Später am Abend sehen wir, wie sie mit Freunden und ihrer Familie tanzt.

MÄDCHEN MIT PERLENHALSKETTEN (RECHTS)

Die typischen Perlenhalsketten, mit denen sich viele Turkana-Mädchen schmücken, werden aus Schalen von Straußeneiern gefertigt. Über diesen obolio *tragen sie einen Ring aus Bronze oder Aluminium* (alagam). *Die Ohrringe* (aparapat) *sind aus Bronze und Kupfer. Behelfsweise werden sie auch aus Resten von Kochtöpfen oder aus Aluminium gefertigt. Naiverweise frage ich nach dem Zweck der Schlüssel, die sie um den Hals tragen. Ihre Antwort überrascht mich ebenso, wie meine Frage sie amüsiert hat: «Für die Haustür». Dazu muss man wissen, dass ihre Hütten ausschließlich aus Wedeln der Dumpalme gefertigt werden.*

MÄDCHEN DER EL MOLO
(LINKS)
Diese junge Frau vom Stamm der El Molo unterbricht ihre Arbeit. Sie schnitzt gerade eine Kalebasse aus einer Dumpalme. Darin wird Milch oder Blut aufbewahrt. Vorher wird die Kalebasse mit glühender Asche sterilisiert. Das Aroma der Asche verleiht der Milch einen rauchigen Geschmack. Die Frauen holen das Wasser, kochen, kümmern sich um die Bedürfnisse der Kinder und sammeln Brennholz. Die Männer verbringen ihre Tage dagegen meist mit dem ajua, *einem einfachen Brettspiel mit Steinen.*

LAYENI
(OBEN)
Einst lebten die El Molo mit ein paar Ziegen auf einer Insel nahe Loyangalani. Sie ernährten sich von der Jagd auf Fische, Krokodile und Flusspferde. Heute ist der 500 Mitglieder zählende Stamm teilweise in den der Turkana integriert. Ihre Dörfer Layeni und Kelote bestehen aus ungefähr 50 kuppelförmigen Hütten. Sie sind aus Dumpalmen gefertigt und ohne erkennbare Ordnung mit Blick auf den See ausgerichtet. Obwohl der El-Molo-Stamm sehr klein ist, gelingt es ihm, die eigene Kultur gegen die der Turkana zu behaupten.

STAMMESTANZ (RECHTS)
Rund 80 Stammesmitglieder versammeln sich zu rituellen Gesängen und Tänzen. Einige Männer haben Glocken an die Knie gebunden. Ansonsten gibt es keine Musikinstrumente. Die Kombination aus menschlicher Stimme, Rhythmus und Glocken schafft eine ausgelassene Atmosphäre. Männer wie Frauen beteiligen sich mit großer Freude am Posieren. Der Eindruck der ungewöhnlichen Musik an diesem abgelegenen Ort berührt mich tief.

FEDER (SEITEN 58–59)
Beim Tanz tragen die Männer Straußenfedern im Haar. Bei den Turkana ist dies zu besonderen Gelegenheiten recht verbreitet. Traditionell werden die Federn mit blau bemalten Kappen aus Straußenleder kombiniert.

Die Samburu

Die Samburu leben wie die Massai in Kenia und verständigen sich ebenfalls auf Maa. Anders als die Massai nahmen sie nicht den langen Weg nach Süden, sondern siedelten sich südlich des Turkanasees an. Heute leben sie im Samburu-Distrikt. Hier geht das bewaldete Hochland in Busch- und Grassteppe über. Sie sind Nachbarn der Rendille und Turkana und kleiden sich auch ähnlich: Die Frauen tragen riesige Perlenkragen, die Männer einen Augenschirm aus Perlenfransen, der ihre Augen vor der Sonne schützt (Kennett, 1994). Manchmal mündet dieser Schmuck in einen Beutel unterhalb des Kinns.

Die Beziehungen zu den Rendille sind in der Vergangenheit stets gut gewesen. Seit langem heiraten die Stämme untereinander. Das schafft starke verwandtschaftliche und politische Bande. In harten Zeiten teilen sie Land und Vieh. Mit den Turkana verbinden die Samburu jedoch weniger positive Erfahrungen. Man sah den anderen schon immer als Feind und stahl sich gegenseitig das Vieh. Die Samburu kritisieren, dass die Turkana nicht wie sie das Beschneidungsritual an Männern und Frauen praktizieren. Die Turkana reglementieren außerdem ihre Essgewohnheiten weniger stark, weil sie Fisch und Fleisch verzehren, und schließlich verdingen sie sich als Tagelöhner in den Städten der Samburu. Der kulturelle Konflikt ist also tief verwurzelt.

In ihren Heilpraktiken unterscheiden die Samburu zwei Arten von Krankheiten: die „von Gott allein gegebenen" (*nkai openy*) und solche, die böse Zauberkräfte im Auftrag eines Feindes über den Menschen gebracht haben (*nkuruporen*). Liegt eine gottgegebene Krankheit vor, dann ist ein Besuch beim Pflanzenheilkundler oder in einer westlichen Klinik ratsam. Handelt es sich aber um ein Leiden, das mit Magie in Verbindung gebracht wird – beispielsweise Unfruchtbarkeit oder Geisteskrankheit – oder um einen Tod, der unter außergewöhnlichen Umständen eingetreten ist, ist eine Beratung beim *laibon*, dem Wahrsager und Heiler, erforderlich. Der verschreibt eine Medizin, die auf der überlieferten Heilkunst beruht. Die Samburu nutzen eine Vielzahl von Heilpflanzen, darunter über 120 Baum- und Straucharten, von denen viele giftig sind. Man setzt sie zur Reinigung des Körpers von schädlichen Umwelteinflüssen ein (Fratkin, 1996).

Bis in die 1960er-Jahre waren die Samburu erfolgreiche Viehzüchter. Doch dann wurden ihre Herden durch Überfälle, Dürre und Krankheit dezimiert. Die Dürre des Jahres 1971, die als „der schreckliche Hunger" in der Erinnerung geblieben ist, war besonders verheerend; ebenso die zwischen 1979 und 1980. Dem Entwicklungsstrukturplan von 1980 zufolge hatten circa 50 Prozent der Bevölkerung dieser Region ein Anrecht auf Hungerhilfe, zehn Prozent waren sogar völlig mittellos. Die Familien gingen immer mehr dazu über, ihre Herden mit Kamelen aufzustocken, die länger als Kühe Milch produzieren. Heute halten viele Samburu Kamele. Daneben suchen sie auch vermehrt Arbeit als Angestellte, um so einige ihrer Kinder zur Schule schicken zu können (Sperling, 1987).

KRIEGER (LINKS)
Alle Krieger (lmurran) *tragen Ohrpflöcke aus Elfenbein in ihren geweiteten Ohrläppchen. Noch ihre Großeltern fanden das dazu nötige Elfenbein im Busch. Doch heute werden die meisten Elefanten von Wilderern erlegt. Deshalb geben die Krieger, wenn sie Stammesälteste geworden sind, ihre Ohrpflöcke nun an ihre Brüder oder andere männliche Verwandte weiter.*

KRIEGER AUF LBAAN
(SEITE 62)
Die Krieger sind normalerweise mit zwei Speeren bewaffnet. Andere Waffen sind die lalena, *die in einer am Bund getragenen Scheide aufbewahrt wird, und ein Schlagstock* (rungu). *Um die Taille winden sich die Krieger zwei Tücher; eines davon wickeln sie in der kalten Morgenluft um ihre Schultern. Bis vor kurzem trugen sie Sandalen aus Giraffenleder. Doch seitdem Jagdscheine erforderlich sind, wird Kuhhaut benutzt. Neuerdings kommt sogar geflochtenes Gummi, das von ausgedienten Reifen stammt, zum Einsatz.*

KRIEGER BEI ISIOLO
(SEITE 63)
Ein Krieger bei Isiolo, perfekt zurechtgemacht. Aggression, Stolz und Kompromisslosigkeit sind unverzichtbare Charakteristika einer Kriegerpersönlichkeit. Lmurran *müssen sich ständig beweisen – auch Rivalen gegenüber. Es gilt als größte Herausforderung und Beleidigung, wenn sie den Jagdspeer mit der Spitze nach unten in den Boden stoßen.*

KRIEGER AUF EINEM FELSVORSPRUNG, WAMBA (LINKS)
Der Einfluss der westlichen Kultur und gesichertere Lebensverhältnisse wirken sich aus: Das Ansehen der lmurran-*Krieger schwindet. Abgesehen von Banditen* (shifta) *sind feindliche Übergriffe selten geworden. Das Großwild lebt in gezähmten Herden. Diese sind außerhalb der geschützten Nationalparkareale aber nicht mehr häufig zu finden. Überdauern könnte allenfalls die Philosophie der* lmurran: *Respekt* (nkanyit) *als Grundhaltung. Hierauf fußen nämlich das Sozialverhalten und der Moralkodex der Samburu.*

HOCHZEITSHALSBAND (LINKS)
Jungverheiratete dürfen noch den Schmuck aus ihrer Jugendzeit tragen. Sie kombinieren ihn zunächst mit den Schmuckstücken, die sie als verheiratete Frau ausweisen, bis sie den alten Schmuck dann ganz ablegen. Viele verheiratete Frauen tragen Kreuze auf der Stirn, die aus dünnem Metall gearbeitet und an ihrem Kopfschmuck befestigt sind. Als Vorlage mögen die fein gearbeiteten Kreuze des christlichen Äthiopien gedient haben. Auch einige Krieger tragen solche Kreuze. Sie sind aber kleiner und hängen an der Kopfbedeckung.

SAMBURU-MÄDCHEN, ARCHER'S POST (RECHTS)
Ein unverheiratetes Mädchen (nkolinotoi) *trägt den Schmuck, der ihrem Status entspricht: einen perlengeknüpften Kopfschmuck, eine Metallkette über dem Gesicht, Ohrenpflöcke und Halsketten. Mädchen werden schon kurz vor der Pubertät für heiratsfähig erklärt. Heiratskandidaten sind ausschließlich Krieger, die bereits am Ende ihrer Laufbahn stehen, oder Stammesältere, die sich eine Zweitfrau nehmen wollen. Vor der Hochzeit werden noch heute alle Frauen beschnitten. Eine Frau, die sich diesem Eingriff gerade unterzogen hat, ist eine* nkaibartani*: Sie wurde „von Gott rasiert".*

KRIEGER BEI SOUTHHORR

(LINKS)

Das Lächeln des Kriegers zeigt die Folgen eines Initiationsritus. Ihm sind zwei Zähne gezogen worden. Die langen Perlenketten signalisieren den Kriegerstatus. Der Kopfschmuck wird meist aus steifer Tierhaut gefertigt und erhält einen Überzug aus geflochtenem Haar. Er ist mit Perlen und Knöpfen geschmückt und wird mit Lederbändern befestigt.

LAUERNDER LÖWE

(OBEN)

Früher wurde von jedem Krieger erwartet, dass er einen Löwen erlegt. Heute ist dies nicht mehr so. Allerdings schrecken die lmurran *auch jetzt nicht vor einem Kampf auf Leben und Tod zurück.*
Kann der Krieger einen Löwen besiegen, dann schneidet er dessen rechtes Ohr ab und heftet es sich an den Speerschaft. Der Schädel des Löwen wird am Eingang zum Dorf der Mutter ausgestellt; mit Blickrichtung auf die Herde der Familie. Krallen und Fell sind Zeichen der Tapferkeit. Die Krallen werden zu Schmuck verarbeitet, das Fell zu einem Überwurf für Zeremonien und zu Sandalen. Der Mann trägt sie bei der Hochzeit und der Vater bei der Beschneidung seiner Söhne. Im Magen des Löwen gefundene Haarknäuel gelten als Vorboten für Glück, Vermögen und Stärke und werden als geheime Wunderwaffe verehrt.

Das Atlasgebirge und seine Ausläufer

Die Berber

Mit Berbern wird eine heterogene Gruppe verschiedener Stämme bezeichnet. Sie zeigen jedoch Gemeinsamkeiten in ihrer Kultur, dem Gesellschaftssystem und im Wirtschaftsleben. Heute leben im nördlichen Afrika zwischen Tunesien, Marokko und Mauretanien fünf bis sechs Millionen Menschen, deren Muttersprache ein Berberdialekt ist. Auch die weiter südlich in Mali und im Niger ansässigen Tuareg sind Berber. Fast 40 Millionen Menschen beanspruchen für sich, dass sie von den Berbern abstammen. Viele der im Maghreb (arabisch für „weit im Westen": Nordafrika) lebenden Berber sind Bauern. Sie hüten Ziegen-, Schaf-, Rinder- und Kamelherden und bauen Gerste, Weizen, Mais, Alfalfa, Wurzelgemüse und Äpfel an.

Ihre Vorfahren besiedelten ein Gebiet, das sich zwischen Westägypten über den Mittelmeerraum bis zu den Kanaren erstreckte. Mit der Zeit gewannen sie an Bedeutung und beeinflussten die Geschichte des ganzen Kontinents. Schon römische, griechische und phönizische Aufzeichnungen, die bis ins Jahr 1100 v. Chr. zurückreichen, erwähnen die Berber. Vor Tausenden von Jahren zogen Händler über fünf große Handelswege von Westafrika zum Mittelmeer. Sie führten Töpferwaren, Elfenbein, Kupfer und aus Straußeneiern gefertigte Schalen bei sich, die sie nach Südeuropa verkauften.

Die Berber nahmen den christlichen Glauben der Römer an. Die meisten konvertierten allerdings zum Islam, nachdem der Prophet Mohammed im Jahr 622 von Mekka nach Medina übergesiedelt war. Auch heute sind sie vorrangig Muslime, pflegen jedoch auch präislamisches Brauchtum. In der Berbergesellschaft zählen Tradition und Pragmatismus: Frieden und Ordnung werden nicht durch die dauerhafte Etablierung staatlicher Institutionen erreicht, sondern durch ausgewogene Machtverhältnisse zwischen den Clans.

Die Berber im marokkanischen Atlasgebirge lassen ihre Tiere im Sommer im hoch gelegenen Weideland und im Winter in den Flachgebieten grasen. Bis in die 1920er-Jahre gab es im Atlasgebirge eine Feudalherrschaft. Die „Herren des Atlas" kontrollierten die drei Hauptpässe (*tizis*). Zwar steht die Region heute unter der Regierungskontrolle Marokkos, doch die unübersehbaren Burganlagen (*kasbahs*) erinnern noch an die traditionelle Verweigerung der Berber gegenüber Einflüssen von Außen.

Zu diesen Einflüssen, die die Berberkultur zunehmend verändern, gehören der Tourismus, das Fernsehen und die zunehmende Arabisierung der Gesellschaft seit der Unabhängigkeit Marokkos im Jahr 1956. Doch die Kultur ist weiterhin präsent in den Mauerverzierungen oder den Mustern, die die Frauen in Teppichen und Töpferwaren verarbeiten. Das geometrisch stilisierte, eckige Design der Dekormotive erinnert an die zerklüftete Silhouette des Atlas. Schnitzereien, die Schlangenhaut abbilden, und die Blätter der Esche sind Symbole des Wohlstands und des Schutzes vor aller Unbill. Auch das Auge des Rebhuhns ist ein wiederkehrendes Element dieser dekorativen Kunst. Häufig schenkt der Ehemann seiner Frau ein Rebhuhn, damit sie es an der Haustür aufhängt, und er schmeichelt ihr, indem er sie liebevoll „Auge des Rebhuhns" nennt.

BLICK AUF AIT BENHADDOU (SEITEN 70–71)
Die Stadt Ait Benhaddou ist von der Unesco zum Weltkulturerbe erklärt worden. Als „Architektur ohne Architekt" wuchs die bauliche Struktur der Stadt entsprechend den Bedürfnissen ihrer Bewohner. Dicke Lehmziegelmauern sorgen dafür, dass es selbst in der glühenden Mittagshitze in den Häusern kühl bleibt. Die Anordnung aller Türen und Fenster dient praktischen, ästhetischen oder religiösen Zwecken. Die Dächer wurden aus einer Weidenart geflochten, deren bitterer Geschmack Insekten vertreibt. Die Stadt ist bestrebt, Händler, Kunsthandwerker und Familien wieder in diesen alten Gebäuden anzusiedeln.

ZORHA BENT CHANTI (LINKS)
Beim Betreten des Dörfchens Tadrokht, Douar Kik, werden wir von Kindern umringt. Ein Mädchen fällt mir sofort auf. Sie hat durchdringende grüne Augen und trägt ein Kopftuch in leuchtenden Farben. Nach einigem Gestikulieren finden die Kinder einen kleinen Schemel, auf dem die fünfjährige Zorha sitzen soll. Alles läuft problemlos, bis ich den weißen Reflektor aufbaue: Plötzlich bekommt sie Angst. Es gelingt mir, ein Foto zu machen, indem ich so tue, als ob ich sie zusammen mit ihren zwei Freunden fotografiere.

BERBERDORF (OBEN)
Der Draa durchzieht den Süden Marokkos jenseits des Atlas. Er erstreckt sich bis in die Sahara. Auch in der Wüste führt er ausreichend Wasser, um eine Flussoase zu bewässern. Dattelpalmen säumen die Oase auf einer Strecke von 160 Kilometern. Der schmale Streifen ist besiedelt. Die Dörfer (ksar) *sind oft von Mauern eingefasst, die Häuser sind aus Lehmziegeln errichtet. Aus der Ferne betrachtet, sieht die Silhouette des Dorfes aus wie Zinnen. Berberdörfer wie dieses sind typisch für die Sahara.*

PALMENBESTÄUBER (RECHTS)
Bei Oulad Msaad im Draatal erklimmt der 60-jährige Dami Masoud eine Dattelpalme (nakhla). *Ungefähr zehn Meter über dem Boden schüttelt er den Pollen aus den Staubgefäßen über die Narben der Blüten, damit es im Dezember eine gute Ernte gibt. Datteln benötigen ein ganzes Jahr, bis sie reif sind. Besonders gut gedeihen sie bei ausreichendem Grundwasser und hohen Temperaturen: «Dattelpalmen stehen mit dem Kopf im Feuer und mit den Füßen im Wasser.»*

ERINNERUNGEN (SEITE 76)
Hassan Ben Muhammad Elfakir erinnert sich gerade voll Freude an seine Jugend. Die Männer sprechen Tamazight. Diese Sprache ist besonders bei den Berbern in Marokko von großer Bedeutung, weil sie das einigende Element in ihrer pluralistischen Kultur ist. Die meisten sind Muslime, einige Juden oder Christen. Das Volk setzt sich aus vielen ethnischen Gruppen zusammen. Sie sind überall im Land zu finden – vom Rifgebirge im Norden bis zum Atlasgebirge und den Wüstenlandschaften im Süden.

BEIM SAMMELN VON BRENNHOLZ (SEITE 77)
In der Nähe des Dorfs Oukaimeden treffe ich auf drei Mädchen mit riesigen Bündeln Brennholz auf dem Rücken. Trotz der schweren Last sind sie gut gelaunt. Dörfer wie dieses verfügen über eine Gemeindewiese (agdal)*, die zu bestimmten Zeiten des Jahres genutzt wird. Wer sein Vieh wann dort weiden lassen kann, hängt von Faktoren wie Klima, Entfernung der Weide zum Dorf, Konflikten innerhalb der Gemeinschaft, dem gesellschaftlichen und wirtschaftlichen Status und der Größe des Haushalts ab.*

ARBEITSTEILUNG
(LINKS)
Im Dorf Tadarte, Douar Kik, schneidet eine Frau Gras, das sie als Tierfutter verwendet. Bei einem Berberstamm des Atlasgebirges, den Ait Mizane, teilen sich die Menschen die härteren Arbeiten wie Pflügen, Pflänzlinge setzen, Dreschen und Worfeln. Benötigt eine Familie Hilfe, fassen die Nachbarn mit an. Dieses System der Arbeitsteilung (touiza) *beruht auf Kooperation und Rotation. Das Konzept ist einfach und pragmatisch: «Hilfst du heute mir, helfe ich morgen dir.»*

FUTTER FÜR DIE TIERE
(OBEN)
Pastellgrüne Felder sind charakteristisch für die Landschaft des Atlas. Farbliche Akzente setzen unzählige Mohn- und andere Wildblumen. Hier haben zwei Kinder Futter für ihre Herde gesammelt und auf dem Rücken eines Esels in zwei Bastsäcken verstaut. Die Berber nehmen sich regelmäßig Zeit für diese und andere Tätigkeiten, wie die Instandsetzung der Steinmauern, die die terrassenförmig angelegten Felder begrenzen.

DAS DORF TAZLIQA

(OBEN)

Mithilfe eines Teleobjektivs gelingt mir dieses ungestellte Bild des Dorflebens in Tazliqa. Die Häuser auf einem Hügel sind aus Bruchstein gemauert und haben einen hölzernen Dachstuhl. Auf dem Dach liegen Matten und darauf Erde, die der Isolierung dient. Die Fenster bleiben unverglast. Fließend Wasser und Elektrizität gibt es nicht. Die Dorfbewohner müssen jeden Tag Wasser aus einem nahe gelegenen Brunnen holen und Brennholz sammeln.

TRACHT BEI DEN TAHRBILT

(RECHTS)

Aziwan Najat hat ihre Schüchternheit überwunden und wagt einen Blick aus dem Türrahmen ihres Hauses im Dorf Fint. Sie trägt die traditionelle Tahrbilt-Tracht. Die intensiven Farben – die rosarote Bluse und das scharlachrot-grüne Kopfteil – bilden einen starken Kontrast zur Monotonie der Lehmfassaden ihres Dorfes.

EIN BERBER REITET DURCH DIE SENGENDE HITZE

(LINKS UND OBEN)

In der Wüste schützen die meisten ihre Gesichter mit dem tagelmoust *vor Sonne oder Kälte. Kamele sind von Natur aus gegen extreme Temperaturen gewappnet: Ihre langen Wimpern und buschigen Brauen schützen vor Sonne und Sand. Die Ohren sind innen und außen mit Pelz bedeckt, sodass kein Sand eindringen kann. Die Nasenlöcher ähneln Schlitzen, die die Kamele schließen können.*

Im Herzen des Karakorum

Die Baltis

Die Baltis leben im Norden Pakistans im Herzen des Karakorum. Sie stammen ursprünglich aus Tibet und ließen sich vor 600 Jahren in dieser Region nieder, die heute Baltistan heißt. Erstmals wurde das Gebiet im 5. Jahrhundert erwähnt. Bei den Chinesen hieß es Groß Palur, in der arabischen Literatur dann Bolor. Bis zur Ankunft eines gewissen Amir Kabir Syed Ali Hamadani im Jahr 1379 war der Buddhismus die vorherrschende Religion. Ḥamadani brachte den schiitischen Islam in die Region, dem die Baltis auch heute noch angehören. Sie sind ein äußerst gläubiges Volk und zeigen großen Respekt gegenüber ihren religiösen Führern (*aghas*).

Sehr strenggläubige Schiiten folgen einem Reinlichkeitskodex, der es ihnen untersagt, Nahrung und Wasser zu sich zu nehmen, die von Nicht-Muslimen berührt worden sind. Früher nahmen die Baltis auch keine Medikamente von ihnen an. Einige glauben, Vergnügungen wie Singen und Tanzen würden gegen ihren Glauben verstoßen. Für die Baltis gehört das Rezitieren aus dem Koran zu den zentralen Tätigkeiten des Tages. Jedes Dorf hat seine eigene Koranschule, der ein *agha* vorsteht. Ihm obliegt die Auslegung des Korans.

Die Ehe (*muta*) wird bei den schiitischen Baltis nur auf Zeit geschlossen. Sie wird als ein Vertrag betrachtet. Die Partner verständigen sich vor der Eheschließung über die Dauer der Ehe. Es kann sich dabei um eine Woche oder viele Jahre handeln. Ist die Zeit abgelaufen, können die Partner die Ehe über einen wiederum festgesetzten Zeitraum fortsetzen oder beenden. Erbansprüche entstehen nicht. Kinder aus Ehen auf Zeit werden vor dem Gesetz als legitime Nachkommen angesehen und sind zumeist keinen Diskriminierungen ausgesetzt.

Eine kulturelle Eigenheit bei den Baltis besteht darin, dass sie Gletscher als Wesen sehen. Die Gletscher sind männlich oder weiblich und können dazu gebracht werden, sich fortzupflanzen. Es gehört zur Tradition der Baltis, einem männlichen und einem weiblichen Gletscher Stücke zu entnehmen und diese an einer anderen Stelle zusammenzulegen. Wenn die Winterstürme kommen, soll daraus ein neuer Gletscher „wachsen". Dabei sehen sie in männlichen Gletschern ein Indiz für eine gute Ernte in den angrenzenden Gebieten.

Baltistan ist das Tor zu einer atemberaubenden Berglandschaft. Hier findet sich beispielsweise der K2, der mit 8611 Metern der zweithöchste Berg der Welt ist. Die meisten Baltis leben in entlegenen Tälern. Sie ernähren sich von der Viehzucht und bauen Gerste und Weizen an. Die klimatischen Voraussetzungen sind hart: Es gibt wenig Niederschlag, und die Temperaturen fallen im Winter auf 30 Grad unter Null. Da der Bergsteiger- und Trekkingtourismus boomt, arbeiten die Baltis auch als Träger für wohlhabende Besucher. So verdienen sie zwar Bargeld, das sie dringend brauchen. Doch laufen sie durch die Vernachlässigung der Landwirtschaft zugleich Gefahr, ihre Autonomie zu verlieren, wenn es immer weniger Bauern gibt.

DIE BERGSPITZEN DER SALTORO-KETTE (SEITEN 84–85)
Hinter dem Schwemmland des Shyok erhebt sich die beeindruckende Saltoro-Kette. Ich mache das Foto auf dem Rückweg vom Gondoro-Gletscher. Der Ausflug ist fehlgeschlagen, weil es fünf Tage lang sintflutartig geregnet hat. Die Aufnahme ist auf niedriger Höhe zwischen zwei Wetterfronten entstanden. Während der ganzen Unternehmung haben wir mit Steinschlag zu kämpfen gehabt. Massive Felsbrocken sind von den Felsvorsprüngen abgegangen und neben uns eingeschlagen.

MÜLLER (RECHTS)
Im Dorf Hushe treffe ich diesen 70-jährigen Müller. Sein Hut und die Kleidung sind mit Mehl bedeckt. Er hält eine Mühle in Gang, die aus der Steinzeit zu stammen scheint. Ein Wasserrad bewegt sehr langsam einen großen flachen Stein. So wird Weizen zu feinem Staub zermahlen. Die Mühle ist aus Bruchstein. Innen ist es eng und zugig.

BEIM SAMMELN VON BRENNHOLZ (OBEN)
Das Leben der Baltis ist entbehrungsreich in dieser rauen Region des Himalaya. Sie ernähren sich mehr schlecht als recht von Ackerbau und Viehzucht: Es gibt Weizen, Kartoffeln, Ziegen und Schafe. Als Zugtiere und für den Fleischbedarf züchten die Baltis außerdem Yaks. Den Nahrungsmittel- und Energiebedarf decken die Dorfbewohner größtenteils mit ihren eigenen Erzeugnissen und der Arbeit der Familie.

TRÄGER DER BALTIS
(RECHTS)
Die zahlreichen Bergsteigerexpeditionen in das Gebiet des Karakorum haben Veränderungen in der Region bewirkt. In Dörfern wie Askole, die früher wirtschaftlich unabhängig von der Außenwelt waren, hat die Geldwirtschaft Einzug gehalten. Die Dorfbewohner bezahlen jetzt mit Bargeld für Kleidung und Haushaltsgeräte. Außerdem ist Geld nötig für Schulbildung, medizinische Versorgung und Pilgerreisen nach Mekka.

DORFFEST
(SEITEN 90–91)
Als ein Dorfbewohner von seiner Pilgerreise nach Mekka zurückkehrt, wird in Hushe ein Fest veranstaltet. Es werden Ziegen geschlachtet und zerlegt. Die Fleischteile werden in einen riesigen dampfenden Kessel geworfen, in dem drei Männer mit Holzstöcken rühren. Außerdem gibt es roti, *ein Fladenbrot, das mit gesalzener Butter verzehrt wird. Die Männer brechen mit der Tradition und bieten das Essen zuerst den Frauen an. Erst nachdem die Frauen das Fest verlassen haben, bedienen sich auch die Männer.*

OBSTVERKÄUFER (LINKS)
Auf der belebten Hauptstraße von Skardu balancieren Obstverkäufer Körbe mit Zitronen auf dem Kopf. Skardu ist die Hauptstadt Baltistans: das Handelszentrum der Region und Tor zu den Bergen des Karakorum. Ganz in der Nähe befinden sich die Gletscher Siachen, Baltoro, Hispar und Biafo. Der Baltoro-Gletscher ist umgeben von zehn der 30 höchsten Gipfel der Welt. Der Hispar und der Biafo laufen an einem Pass zusammen und erstrecken sich zusammen über eine Länge von 121 Kilometern.

RAJA (OBEN)
In jedem Dorf gibt es zwei bedeutende Persönlichkeiten: Der raja *kümmert sich um kulturelle Belange und die Bewahrung der Traditionen. Der religiöse Führer ist ein politisch aktiver Dorfbewohner. Es wird behauptet, dass 90 Prozent der Jungen und 75 Prozent der Mädchen zur Schule gehen. Tatsächlich können aber nur drei Prozent der Frauen und 20 Prozent der Männer lesen. Der Gesundheitszustand der Bevölkerung ist schlecht. Besonders die Frauen und Kinder leiden an Jod- oder Eisenmangel.*

Wo Himmel und Erde aufeinander treffen

Die Ladakhi

Ladakh gehört zu den Gebieten mit der weltweit geringsten Bevölkerungsdichte: Auf einem Quadratkilometer leben circa drei Menschen. Das Leben in dieser entlegenen Region Nordindiens ist geprägt von der bergigen Landschaft, die nicht sehr einladend wirkt. Die Dörfer liegen in der Nähe des Indus. Das Gletscherwasser wird zur Bewässerung der Terrassen genutzt, die aus den steilen Berghängen herausgeschlagen wurden. Hier säen die Familien im Frühling Gerste, Weizen, Erbsen und Bohnen und hoffen vor Beginn der ersten Schneefälle auf eine gute Ernte.

Der Begriff „Ladakhi" bezieht sich nicht auf alle Einwohner, sondern auf eine bestimmte ethnische Gruppe mongolischen Ursprungs. Die Ladakhi sind Anhänger des tibetischen Buddhismus, der sich aus dem indischen Buddhismus und der tibetischen Bön-Religion entwickelte. Daneben leben schon seit langem Muslime in der Provinz sowie Christen und Hindus. Die politische Lage bleibt instabil, weil Indien Ladakh dem islamischen Bundesstaat Jammu und Kaschmir angegliedert hat. Dadurch ist Ladakh letztendlich zu einer buddhistischen Minderheitenenklave geworden.

Klöster (*gompas*) bilden das spirituelle, politische und geographische Zentrum der Dörfer. Sie werden von Äbten geleitet, die als unsterblich gelten. Dem Abt dienen Mönche. Diese wiederum stehen in der geistlichen Hierarchie über der allgemeinen Bevölkerung. Die Gesellschaftsstruktur spiegelt sich auch in der Anlage der Dörfer wider: Das Kloster – geschmückt mit bunten Flaggen und Gebetsmühlen – bestimmt die Silhouette. Unterhalb des Klosters entlang der Talseiten sind die Wohnungen der Mönche in den Berg hineingebaut. Die Dorfbewohner schließlich leben im Flachland (Michaud, 1996).

Ursprünglich umfasste die gesellschaftliche Hierarchie das Königshaus (*rgyal-rigs*), den Adel (*sku-drag*) und die Bauern (*dmans-rigs*). Am unteren Ende der Hierarchie befanden sich die Ausgestoßenen (*rig-nan*). Die Annexion Tibets durch die Chinesen im Jahr 1950 sorgte jedoch für Veränderungen: Tibetische Flüchtlinge strömen seither zuhauf nach Ladakh. Gleichzeitig haben Touristen die Bewohner, die sich früher selbst versorgten, empfänglich für Handel und westliche Waren gemacht. Heute ziehen viele Männer die bezahlte Arbeit der Knochenarbeit auf dem Feld vor. Feldarbeit bleibt den Frauen überlassen, die in den vergangenen Jahren zusehends an Ansehen verloren haben.

Die Ladakhi werden heute von verschiedenen Seiten darin unterstützt, zu ihren Traditionen zurückzufinden. So propagieren einige die Vorzüge der ökologischen Agrarwirtschaft gegenüber dem billigeren Einsatz von Pestiziden. Wissenschaftler arbeiten mit Medizinmännern (*amchis*) zusammen, damit deren Wissen um einheimische Pflanzen nicht verloren geht. Diese Menschen haben verstanden, dass Schnelllebigkeit und Besitz den Zusammenhalt einer Gemeinschaft nicht ersetzen können. «Das Leben war sehr einfach, doch die Leute hatten immer genug und, was noch viel wichtiger ist, sie waren glücklich», sagt Tashi Rabgyas, Ladakhs wichtigster Dichter, Gelehrter und Philosoph.

DAS KLOSTER STAKNA (SEITEN 94–95)
*Das Kloster Stakna liegt auf einem Berg, der wie eine Tigernase (*stakna*) geformt ist. Es ist 25 Kilometer von Leh entfernt. Das 1580 gegründete Kloster beherbergt die bedeutende Statue Arya Avalokitesvara, die aus Assam stammen soll. Ich bin frühmorgens aufgebrochen und auf eine Anhöhe gestiegen, um diesen Blick auf das Kloster zu bekommen. Im Hintergrund sind das Industal und die Stokbergkette zu sehen.*

RINCHEN STANZIN (RECHTS)
Nachdem wir in den Ebenen des Dschang Tang gewesen sind, fahren wir durch das Dörfchen Rumtse. Dort bemerke ich einen Mann, der mit der einen Hand Wolle auf die Spule in der anderen wickelt. Gleichzeitig schreitet er sein Feld ab und begutachtet es. Nachdem er seinen angriffslustigen Hund zurückgepfiffen hat, willigt Rinchen Stanzin ein, sich fotografieren zu lassen. Ich mache das Foto im Schatten seines Hauses.

KOPFSCHMUCK EINER FRAU (LINKS)
Die Ladakhi-Frauen tragen diesen Kopfschmuck (perak) *zu besonderen Gelegenheiten als wichtigstes Schmuckstück. Er besteht aus einem Stück Leder, das mit Stoff bezogen ist. Darauf sind reihenweise Türkissteine und Silberstücke vernäht. Der Kopfschmuck bedeckt die Stirn und reicht bis zur Mitte des Rückens. Die Türkissteine werden über Generationen hinweg von der Mutter an die Tochter vererbt.*

BEIM GEBET (RECHTS)
Fromme Buddhisten aus Ladakh und Flüchtlinge aus Tibet versammeln sich neben anderen Gläubigen: Aus so weit entfernten Gebieten wie Zanskar, dem Nubra-Tal, Dha-Hanu und Dschang Tang sind sie nach Jiva-tsal gekommen, um den Geburtstag Seiner Heiligkeit, des Dalai Lama, zu feiern. Auch in diesem Jahr beginnt die Zeremonie mit dem traditionellen Rauchopfer, bei dem zu liturgischen Gesängen Wacholder und andere aromatische Substanzen verbrannt werden.

GEBURTSTAG SEINER HEILIGKEIT (SEITEN 100–101)
In der gleißenden Hitze trifft eine Gruppe Vorbereitungen für ihren rituellen Tanz. Um den offiziellen Festplatz herum haben sich rund 15 000 Menschen versammelt. Bunte Gebetsfahnen flattern vor einem leuchtend blauen Himmel.

ZYLINDER (RECHTS)
Heute tragen die Dorfbewohner nur noch zu besonderen Anlässen diese leuchtend bunten Brokatmäntel und Zylinder. Die jüngere Generation hat sich größtenteils von Traditionen wie dieser abgewandt – ebenso wie von Kopfschmuck (perak) *und Gebetsmühlen. Unter einem Netz bunter Fahnen pflegt hier jedoch eine Gruppe junger Frauen bewusst das überlieferte Brauchtum.*

JUNGE TÄNZERINNEN (OBEN)
Vertreterinnen der verschiedenen ethnischen Gruppen Ladakhs warten auf ihren Auftritt zu Ehren Seiner Heiligkeit. Sie zeigen den ganzen Vormittag über traditionelle Tänze. Gegen Mittag gehen die Feierlichkeiten zu Ende. Bevor er geht, segnet der Dalai Lama die Menge, indem er Reis in die Luft wirft.

GEBETSMÜHLEN (RECHTS)
Die Klöster sind der Mittelpunkt des geistlichen Lebens in der Provinz. Der Weg zu den Klöstern, die unübersehbar auf einer Anhöhe liegen, ist meist mit Gebetsmühlen geschmückt. Diese chhoskor *sind aus Metall gefertigt und mit Gebetsrollen und magischen Symbolen gefüllt. Bevor ein Gläubiger ein Kloster betritt, setzt er diese Gebetsmühlen mit sanften Schlägen in Gang – im Glauben, dass die Mühlen die Gebete gen Himmel schicken. Es heißt, dass die Anzahl der Gebete sich aus der Menge der Schriftrollen in der Mühle ergibt, multipliziert mit der Zahl der Umdrehungen.*

LAMA BEIM FEST IN HEMIS (LINKS)
Bei allen Aufführungen werden die unverkennbaren metallischen Zimbeln geschlagen. Ihr Rhythmus gibt das Tempo an, das sich zum Höhepunkt der Darbietung hin steigert. Die Mönche tragen Masken und spektakuläre Kostüme aus gelber Seide und schweren Brokatstickereien. Die Kostüme sind oft mit Ornamenten aus geschnitztem Bein geschmückt.

TANZ DES HERRN DER LEICHENÄCKER (SEITE 108)
Den Tanz des Herrn der Leichenäcker ist nur verständlich, wenn man gewisse tantrische Symbole kennt. Vier Skelette bewachen acht Bestattungsorte, die an den Rändern des kosmischen Diagramms liegen. Hier sind auch die tantrischen Gottheiten angesiedelt. Ihre Aufgabe ist es, das kosmische Diagramm vor dämonischen Einflüssen zu schützen. Als Skelette verkleidet, springen Darsteller im Hof herum, erschrecken Kinder und belästigen Schaulustige.

TANZ DER FURCHTERREGENDEN GÖTTER (SEITE 109 OBEN UND UNTEN)
Der Tanz der furchterregenden Götter stellt die fünf Tsoglen dar, die für das Böse stehen. Sie symbolisieren Teufel und Dämonen, die sich gegen das buddhistische Dharma und den Frieden verschworen haben. In der Aufführung werden die sterblichen Überreste des Bösen zu reinem Nektar, den die Tsoglen allen Schutzgottheiten (Dharmapalas) darbieten.

Die Dämonenmasken der Mönche sind sehr schwer. Deshalb schützen die Tänzer sich vor möglichen Verletzungen, indem sie ihre Köpfe mit Stoffstreifen umwickeln. Der Stoff dient auch als Stütze der Maske. Sie sitzen so auf dem Kopf, dass die Tänzer durch die Mundöffnung sehen können.

Das Land des Donnerdrachens

Die Bhutanesen

Die heutigen Bhutanesen stammen von Mongolen ab, die im 7. Jahrhundert n. Chr. in die Region einwanderten. In den fruchtbaren Tälern siedelten sich die Angehörigen des ursprünglich nomadischen Hirtenvolkes nach und nach als Bauern an. Noch heute bildet die Viehzucht die Lebensgrundlage für 90 Prozent der Bevölkerung, wobei die Familien nach wie vor nahezu ausschließlich zur Selbstversorgung wirtschaften.

Seit dem 8. Jahrhundert ist der Buddhismus von staatstragender Bedeutung für die kulturelle, ethische und soziale Entwicklung des Landes. In der Landessprache heißt Bhutan *Druk Yül*, Drachenland. Dieser Name ist abgeleitet von *Drugpa Kagyüpa*, einer Schule des Mahayana-Buddhismus. Sie wurde zur Staatsreligion, nachdem der tibetische Staatsmann und Geistliche Shabdrung Ngawang Namgyel im frühen 17. Jahrhundert verschiedene kleine Fürstentümer zum Staat Bhutan geeint hatte (Myers, 1987). Die Mönche und Nonnen, welche ihr Leben vor allem dem Studium und der Meditation widmen, vollziehen religiöse Rituale und Zeremonien zu Ehren der Bodhisattvas. Ihre Gesänge und Sprechchöre werden von Musik begleitet. Zu den traditionellen Instrumenten gehören neben Trommeln, Glocken und Zimbeln das Schneckenhorn und eine Trompete, die aus menschlichen Oberschenkelknochen gefertigt wird.

Die Einwohner von Bhutan gehören drei großen Volks- und Sprachgruppen an. Die Sharchops bewohnen den Osten und Südosten des Landes und gelten als Nachkommen der mongolischen Urbevölkerung. Die im Westen und im Zentrum Bhutans lebenden Ngalongs sind Nachfahren der tibetischen Einwanderer, die im 9. Jahrhundert ins Land kamen. Beide Volksgruppen sind buddhistisch. Die dritte Gruppe bilden die im Süden ansässigen Lhotshampas. Sie sind nepalesischer sowie indischer Abstammung und Anhänger des Hinduismus.

Zu Beginn der 1980er-Jahre machten die Lhotshampas rund 30 Prozent der Bevölkerung Bhutans aus. Aus Angst vor Überfremdung setzte sich die Regierung strikt für den Schutz der buddhistischen Kultur Bhutans ein. Die offizielle Amtssprache, Dzongkha, wurde an den Schulen zum Pflichtfach, Nepali wurde als Unterrichtssprache untersagt. Zwischen 1988 und 1994 flüchteten über 100 000 Menschen über die nordindischen Berge ins südöstliche Nepal. Dort fanden sie in Auffanglagern des UNO-Hochkommissariats für Flüchtlingshilfe Zuflucht (*Annual Report on Religious Freedom: Bhutan*, 2000).

Seit 1989 ist die Nationaltracht bei offiziellen Anlässen gesetzlich vorgeschrieben. Aber auch sonst wird sie in praktisch jeder Lebenssituation getragen. Männer legen ein weites, hüftlanges Hemd (*tögo*) an und darüber ein Gewand (*go*), das in der Taille mit einem Gürtel (*kera*) zusammengehalten wird. Frauen tragen ein Kleid (*kira*) aus handgewebten Stoffen über einer langärmeligen weiten Bluse (*wonju*) aus Seide oder einem anderen, vergleichbar dünnen Gewebe. Kein anderes Handwerk hat in Bhutan ein solches Niveau erreicht wie die Webkunst. Eine kurze Jacke mit weiten Ärmeln und Halsbänder mit Silberamuletten vervollständigen die Tracht (Myers, 1987).

CHENDEBJI (SEITEN 110–111)
Das Dorf Chendebji ist 42 Kilometer von Tongsa entfernt und liegt an einem Hang. Es ist über eine alte, mit Bambusmatten überdachte Brücke zu erreichen. Die Wohnhäuser ähneln sich in allen Landesteilen: Es sind rechteckige, ein- bis zweistöckige Gebäude. Die obere Etage besteht aus einer offenen Konstruktion mit leichten Wänden, die aus Bambuslatten geflochten und dann verputzt werden. Die Fensteröffnungen bleiben unverglast. Nur gelegentlich stellen die Bewohner Wandschirme aus Bambus davor, die Schutz vor Unwettern bieten und gleichzeitig genügend Licht hineinlassen. In den dichter besiedelten Gegenden werden heute allerdings meist Glasscheiben eingesetzt. Auf dem Dach trocknet man Gemüse und Fleisch und lagert Heu.

NEMALUNG TSHECHU (RECHTS)
Ein Mädchen bestaunt die Kostüme und Darbietungen beim Tanzfest der Mönche in Nemalung. Es gibt drei Arten von religiösen Tänzen (cham)*: belehrende Tänze mit moralischem Inhalt (Tanz der Prinzen und Prinzessinnen), Tänze, die einen Ort reinigen und vor bösen Geistern schützen (Tanz der Schwarzhutmagier) und solche, die den Sieg des Guru Rinpoche und der buddhistischen Lehre verkünden (alle Tänze, die von Trommeln begleitet werden, Tanz der acht Emanationen des Guru Rinpoche).*

BHUTANESISCHE KINDER (OBEN)
Vergnügt über den ungewohnten Anblick eines Fremden machen diese Kinder beim Nemalung Tshechu vor der Kamera ihre Späße.
Das Nyingmapa-Kloster von Nemalung, das 1900 gegründet wurde, liegt in einem Wald versteckt. Seine qualifizierten Lehrer und Musiker genießen hohes Ansehen, ebenso wie die dort herrschende Disziplin.
Tshechus *sind Tanzfeste, die zu Ehren des Guru Rinpoche einmal im Jahr gefeiert werden. Sie dauern je nach Region drei bis fünf Tage.*

MÄDCHEN BEIM RELIGIÖSEN FEST (RECHTS)
Abgesehen von seiner religiösen Bedeutung ist das tshechu *ein wichtiges soziales Ereignis. Alle Besucher tragen festliche Kleidung und ihren schönsten Schmuck. Männer und Frauen finden in der allgemein ausgelassenen Atmosphäre nicht selten ihren Partner fürs Leben.*
Durch die Teilnahme an einem tshechu *erlangen die Gläubigen Buddhas Segen oder können spirituelle Erlösung durch eine tantrische Gottheit erfahren. Auf jeden Fall aber erwirkt man das Wohlwollen der lokalen Schutzgottheiten.*

GELONG UND GOMCHEN (OBEN)
Die Gemeinschaft der Mönche besteht aus zwei Gruppen: Die gelong *sind zu Priestern geweiht und leben im Kloster. Die* gomchen*, häufig Mitglieder des Nyingmapa-Ordens, sind Laien und Geistliche in einem. Sie leben mit ihren Familien in eigenen Häusern.*

SENGYE DRATHOK (RECHTS)
Beim Tanz der acht Emanationen des Guru Rinpoche trägt der Sengye Drathok (Der mit der Löwenstimme) eine Furcht erregende blaue Maske, auf der fünf Totenschädel prangen. In den Händen hält er zwei Attribute, links das Diamantzepter und rechts den phurba*, einen Dolch, der bei Ritualen eingesetzt wird.*

TANZ DER VIER HIRSCHE (OBEN)
Zum Klang der Zimbeln führt ein Mönch den Tanz der vier Hirsche auf. Er erinnert an die Unterwerfung des Windgottes durch den Guru Rinpoche, der den Hirsch dieses Gottes fortan zum Reittier nahm.

DER JUNGE KUNZANG DORJI (LINKS)
In den Pausen zwischen den Aufführungen lassen mich dieser fünfjährige Junge und seine zwei Freunde nicht aus den Augen. Mit dem Teleobjektiv gelingt es mir, das verschmitzte Lächeln des Jungen einzufangen.

THONGDEL (RECHTS)
Vor den Augen des hingerissenen Publikums wird das Thongdel enthüllt, ein riesiger bestickter thangka. *Auf dem Wandbehang sind der Guru Rinpoche und seine acht Emanationen abgebildet. Mit diesem Ereignis beginnt das Kurjey Tshechu jedes Jahr. Die Mönche stehen auf dem zentralen Turm des Klosters und ziehen den 23 x 26 Meter großen Bildteppich vom gepflasterten Hof nach oben. Wer das Thongdel mit eigenen Augen sieht, der soll vom ununterbrochenen Lauf der Wiedergeburten* (samsara) *erlöst werden.*

JUNGE MÖNCHE (LINKS)
Zwei junge Mönche posieren vor einer riesigen Felswand des Kurjey Lhakhang für ein Foto. Geweihte Mönche (gelong) tragen das charakteristische rote Gewand. Manche finden bereits im Alter von fünf oder sechs Jahren Aufnahme in einem Kloster. Ihre Familien erlangen dadurch großes Ansehen. Die Mönche werden in der Klosterschule erzogen und schlagen nach einigen Jahren je nach Begabung entweder eine akademische Laufbahn ein oder widmen sich als Tänzer, Musiker, Maler oder Schneider künstlerischen und religiösen Aufgaben.

GEBETSMÜHLE (LINKS)
In Jakar lerne ich die 85-jährige Gongze kennen. Sie sitzt vor ihrem Haus, dreht ihre Gebetsmühle und lächelt mir freundlich zu. Dabei kommt ihr einziger Zahn zum Vorschein. In den meisten Dörfern der Region Bumthang sind Frauen die Familienoberhäupter. Der Grundbesitz wird in mütterlicher Linie vererbt, nach der Heirat zieht der Mann zu seiner Frau. Lokalpolitische Entscheidungen werden überwiegend von Frauen getroffen, und selbst auf Bezirksebene liegen die politischen Belange bis zu 90 Prozent in der Hand von Frauen.

KIRA (RECHTS)
Die Bezeichnung kira *für die traditionelle Tracht der Frauen bedeutet wörtlich „Kleid zum Einwickeln". Es besteht aus einem rechteckigen Tuch, das aus drei Stoffstücken zusammengenäht ist. Das Tuch wird so um den Körper gewickelt, dass sich vorn eine breite Falte bildet, die dann durch einen engen Gürtel wieder hochgezogen wird. So entsteht eine geräumige Tasche, in der alle möglichen Gebrauchsgegenstände aufbewahrt werden. Auch wenn diese Wickelkleider auf gleiche Weise getragen werden, scheint die Anzahl der Muster, die alle eigene Namen haben, grenzenlos.*

YATHRA (LINKS)
Dieser Mann ruht sich vor einem Geschäft in Jakar aus. Das Dorf liegt auf einer Höhe von 2 580 Metern und ist das größte Handelszentrum der Region. Auf der einzigen Hauptstraße gibt es eine Reihe von kleinen Läden, die alle aus Holz gebaut sind. Hier wird unter anderem auch mit yathra *gehandelt: handgewebten Wollstoffen mit geometrischen Mustern, für die die Gegend bekannt ist. Die Dorfbewohner fertigen daraus vor allem Decken und kurze Jacken* (togos), *welche die Frauen in der kalten Jahreszeit über ihren* kiras *tragen.*

FRAU MIT EINEM KALB (OBEN)
In der Nähe des Dorfes Chendebji trägt eine Frau ein Kalb zum Weideland. Der Alltag der meisten Bhutanesen besteht aus landwirtschaftlicher Arbeit. Sie bauen Gerste, Weizen, Kartoffeln und Senf an. Chendebji liegt am Nikka Chhu und ist umgeben von Pinien, Fichten, Eichen und Zwergbambus.

Im goldenen Dreieck

Die Lisu

Die Lisu leben in den fruchtbaren Hügeln und Tälern des Goldenen Dreiecks, welches sich vom östlichen Burma über Nordthailand bis in den Nordwesten von Laos erstreckt. Sie teilen sich das Gebiet mit anderen Bergstämmen, darunter die Hmong, die Karen, die Lahu, die Mien und die Akha. Nach Einschätzung der Anthropologen wanderten sie vor über 2 000 Jahren in mehreren Wellen aus China und Tibet ein. Im 19. und 20. Jahrhundert siedelten sich zahlreiche Lisu in jenem Gebiet an, in dem heute die burmesischen Staaten Kachin und Shan liegen. Andere zogen durch das Schan-Hochland beiderseits des oberen Saluen weiter nach Süden und ließen sich im Norden Thailands nieder. 1990 lebten in Burma rund 400 000 und in Thailand 25 000 Lisu (Dessaint und Dessaint, 1992).

Wie andere Bergstämme auch praktizieren die Lisu eine Art Wanderlandwirtschaft und Brandrohdungsfeldbau. Sobald der Boden ausgelaugt ist, ziehen sie weiter (Larsen, 1984). Darüber hinaus halten sie Ziegen, Kühe, Schafe und Geflügel. Alles Weitere, was sie an Nahrung, Kleidung und anderen Waren benötigen, finanzieren sie durch den – offiziell verbotenen – Anbau von Opium. Immer mehr Bergbauern geben den Ackerbau zugunsten der Herstellung von Rauschgift auf. In einigen schwer zugänglichen Bergregionen gibt es inzwischen Zentren, in denen die Bauern Heroin produzieren. Es ist handlicher als Opium und schwerer aufzuspüren. Das Rauschgift gelangt in den USA und anderen westlichen Ländern auf den Markt.

Die Lisu sind Animisten und Ahnenverehrer. Sie glauben an Berggeister ebenso wie an Hausgeister, Naturgeister, Geister bestimmter Gegenstände und nicht zuletzt die Geister der Vorfahren. In jedem Dorf gibt es ein umzäuntes Heiligtum mit einem Altar zu Ehren des Schutzgeistes des Dorfes. In jedem Haus steht ein Altar, an dem die Geister der Ahnen verehrt werden. Kontakt zur Geisterwelt halten die Lisu mithilfe von Schamanen. Sie beschwören die Geister, von ihren Körpern Besitz zu ergreifen, damit die Dorfbewohner sie um Rat bei Krankheiten und anderen Schicksalsschlägen fragen können (Durrenberger, 1980). Unwohlsein, Gewichtsverlust und Schlaflosigkeit werden in der Regel als Symptome des Verlustes der Seele gedeutet. Als Heilmittel halten die Lisu feierliche Seelenanrufungen ab: Auf diese Weise sollen die Geister dazu bewegt werden, abhanden gekommene Seelen an ihre Besitzer zurückzugeben.

Die Musik der Lisu unterscheidet sich stark von der anderer Bergstämme. Die Männer stellen aus Holz, Bambus und Rattan Instrumente wie Mundharmonikas, Flöten, Lauten und Maultrommeln her. Und nur sie spielen diese Instrumente. Der Gesang ist Männern und Frauen erlaubt. Dabei werden Instrumente und Gesang niemals zusammen eingesetzt. Beim Neujahrsfest wechseln die Musiker einander die ganze Nacht über ab, während die Menschen um den „Geisterbaum“ tanzen. Die Lisu glauben, dass Musik und Tanz den Geistern wohlgefällig sind. Die Tänzer stampfen auf den Boden, damit böse Geister sie nicht daran hindern können, ins neue Jahr zu gelangen (Larsen, 1984).

DAS DORF MAE HONG SON
(SEITEN 126–127)
Die Lisu-Siedlungen liegen im Hochland in rund 1 000 Metern Höhe. Ihre Bewohner bauen Buchweizen, Hirse, Bergreis und verschiedene Gemüse sowie Opium an. Einen Teil der Reisernte vergären sie zu Alkohol. Weitere Einkünfte kommen aus dem Handel mit Vieh, etwa Schweinen und Rindern.

MÄDCHEN AUS LISUMAETHO
(RECHTS)
Das Bedürfnis der Lisu, etwas Besonderes zu sein, zeigt sich nirgends deutlicher als in ihrer Kleidung. Die farbigen Streifen an den Passen und Ärmeln der Tunika dieser jungen Frau, die bunten Kordeln mit den dicken Quasten an ihren Schärpen und der üppige Silberschmuck sind Ausdruck ihres Wunsches, geachtet zu werden und angesehen zu sein.

DIE JUNGE GENERATION

(OBEN)

Der Stamm der Lisu umfasst mehrere Clans. Es gibt keine Häuptlinge oder Anführer. Den Clans obliegt es, die Verwandtschaftsbeziehungen und die Einhaltung der Heiratsvorschriften zu kontrollieren. Monogamie und Exogamie, der zufolge Ehepartner außerhalb des eigenen Clans gesucht werden müssen, stärken den Familienzusammenhalt und festigen das soziale Gefüge der Gemeinschaft.

MUTTER MIT KIND (OBEN)
Anders als die Meo und Yao, die in Großfamilien leben, ist für die Lisu und einige andere Stämme wie die Lahu, Akha, Karen, Lua, H'tin und Khamu die Kleinfamilie typisch. Es leben nur zwei Generationen zusammen: der Mann, seine Ehefrau und ihre Kinder. Sie bilden eine soziale und ökonomische Einheit, die die Verantwortung für Ernährung, Wohnraum, Sozialfürsorge und Erziehung sowie religiöse und soziale Unterweisung übernimmt.

PATCHWORKMÜTZE (SEITE 132)
Für ihre Babys stellen die Mütter eng anliegende Mützen in farbenfrohem Patchwork her. Die Jungen tragen bis zu einem Alter von drei bis vier Jahren dreieckig geschnittene Spielanzüge, die am Hals zusammengebunden werden. Ansonsten sind die Kinder der Lisu genauso gekleidet wie die Erwachsenen. Inzwischen tragen auch sie zunehmend westliche Kleidung, die eine preiswerte Alternative zur traditionellen Bekleidung ist.

STELLDICHEIN (SEITE 133)
Zarte Bande werden abends beim Reisstampfen geknüpft. Wenn die jungen Mädchen den Reis für den nächsten Tag vorbereiten, gesellen sich die jungen Männer zu ihnen. Während die Mädchen eines nach dem anderen zwischendurch ausruhen, darf sich ihr Verehrer neben sie setzen. Später werden Armbänder oder andere Liebespfänder ausgetauscht. Sie werden aber nicht offen getragen, sondern in einer Tasche versteckt. Die Lisu betrachten die Männer des Clans als den „Baum", dessen „Blätter" die Frauen sind.

OBSTHÄNDLERIN (OBEN)
Die Lisu errichten ihre Dörfer bevorzugt dort, wo sie von den staatlichen Behörden und anderen Bergvölkern unbehelligt bleiben. In Nordthailand lassen sie sich jedoch gerne in der Nähe der Karen und der Lahu nieder. Da sie freundschaftliche Beziehungen zu diesen Stämmen unterhalten, sind sie in deren Umgebung sicher. Außerdem finden sie bei ihnen billige Arbeitskräfte. Und jenseits der nahen Grenze zu China, in der Provinz Yunnan, herrscht rege Nachfrage nach dem Opium, das sie anbauen.

KLEINE NACHBESSERUNG (RECHTS)
Das Oberkleid dieser thailändischen Lisu-Frau ist aus maschinengewebter Baumwolle oder Synthetik hergestellt. Die Tunika ist seitlich bis zur Taille geschlitzt, vorne ist sie knielang, hinten reicht sie bis zur Wade herab. Unter der rechten Achsel wird das Gewand zusammengebunden. Das Bruststück ist in einer anderen Farbe gehalten als der Rest: Bei einer königsblauen Tunika ist es üblicherweise grün oder hellblau.

Die Padaung

In den Bergen Thailands und Burmas sind verschiedene Stämme heimisch. Die Karen sind die größte Gruppierung unter diesen Bergvölkern. Sie bilden einen lockeren Verbund verschiedener Stämme, die jedoch eng miteinander verwandt sind. Zu den Karen gehören rund vier Millionen Menschen in Burma und 300 000 in Thailand. Sie sind im Wesentlichen Bauern, die ihren Lebensunterhalt mühsam mit Reisanbau bestreiten. Die Familien leben in Häusern aus Teakholz oder Bambus. Sie sind auf Pfählen errichtet, die Dächer sind mit Palmwedeln gedeckt. Die Erbfolge der Karen folgt der mütterlichen Linie. Da die Kinder den elterlichen Haushalt üblicherweise verlassen, wenn sie heiraten, leben in der Regel keine zwei verheirateten Frauen unter einem Dach.

Die Padaung sind eine spezielle Gruppe von Karen. Sie besiedelten Zentral-Burma, noch bevor sich dort die Burmesen niederließen, und betrieben im Irawady-Tal und entlang des Saluen gemeinsam mit dem Volk der Mon Ackerbau. Die meisten leben noch heute in Burma. Seit 1962 wanderten aber auch viele ins benachbarte Thailand aus, um einer Unterdrückung durch die Militärdiktatur in Burma zu entgehen.

Bekannt sind die Padaung vor allem wegen der Metallringe, die ihre Frauen an Hals, Armen und Beinen tragen. Es gibt verschiedene Thesen, wie es zu diesem Brauch kam. Eine Padaung-Legende besagt, dass die Ringe in der ursprünglichen Heimat der Padaung, im Norden Chinas, Schutz vor Tigerbissen gewährten. Einer anderen Quelle zufolge sollten die Metallringe die Frauen für Sklavenhändler unattraktiv machen.

Die Mädchen bekommen ihren ersten der immerhin etwa ein Kilo schweren Ringe im Alter von fünf oder sechs Jahren. Alle zwei bis drei Jahre kommt ein weiterer Ring hinzu. Eine Frau im thailändischen Dorf Plam Piang Din trug am Ende ihres Lebens eine Spirale von 37 Ringen.

Auch wenn es scheint, als ob durch die Messingringe die Halswirbelsäule manipuliert würde, drücken die Ringe in Wirklichkeit lediglich Schlüsselbeine und Schultern herunter, sodass der Hals länger wirkt. Sie können abgelegt werden, wenn auch die Halsmuskulatur meist so geschwächt ist, dass sie den Kopf kaum halten kann. Es gibt aber Padaung, die den schweren Schmuck nach Jahren wieder entfernen, zumal die Tradition mehr und mehr verblasst. Eine Padaung muss ihn nicht tragen, um von ihresgleichen anerkannt zu werden. Heutzutage sind es überwiegend ältere Frauen, die diese Ringe tragen. Kindern werden sie kaum noch angelegt.

Berichten zufolge lebt der Brauch allerdings jenseits der Grenze, in Thailand, derzeit wieder auf, wenn auch ausschließlich als Touristenattraktion. Bei der Regierung Thailands, die normalerweise höchst ungern Flüchtlinge aufnimmt, ist das Volk der „Giraffenhalsfrauen", wie sie auch genannt werden, höchst willkommen – weil es zahlungskräftige Touristen anlockt. In einigen Dörfern legen die Eltern ihren Kindern mittlerweile wieder Metallringe an und lassen sich dafür von skrupellosen Reiseveranstaltern bezahlen.

„GIRAFFENHALSFRAU"
(LINKS)
Die Frauen der Padaung erhalten von Kindheit an in regelmäßigen Abständen neue Ringe. Die Ringe drücken die Schlüsselbeine nach unten, die Halswirbelsäule beschädigen sie jedoch nicht. Sie verhindern allerdings, dass die Frauen auf ihre eigenen Füße sehen oder ihrem Baby beim Stillen zuschauen können. Wie dieser Brauch entstand, ist unklar.

DEKORATIVER SCHMUCK
(SEITE 138)
Diese ältere Frau trägt eine Messingspirale von zwanzig Ringen. Der Schmuck hat für die Padaung vor allem eine Bedeutung: Sie finden ihn schön. Hinzu kommt, dass Anzahl und Wert der Ringe etwas über das Ansehen und den Stand der Familie der Trägerin verraten. Viele afrikanische Stämme pflegen den gleichen Brauch, die Iban zum Beispiel. Allerdings ist bei ihnen die Deformierung weniger ausgeprägt.

LEBENSLANG GEZEICHNET
(SEITE 139)
Ein neuer Ring wird an einem Tag angepasst, den das vom Schamanen des Dorfes erstellte Horoskop vorschreibt. Der Hals wird sorgfältig mit Balsam eingerieben und stundenlang massiert. Dann schiebt ein Priester kleine Kissen unter den ersten, meist aus Bronze gefertigten Ring, damit die Haut nicht wund wird. Sie werden später wieder entfernt. Auf diese Art werden Jahr um Jahr weitere Ringe hinzugefügt.

ENTFERNEN DER RINGE (LINKS)
Nach der Sitte werden die Ringe ein Leben lang getragen. Es ist eine schlimme Strafe für eine Padaung, ihr den Schmuck wieder abzunehmen. Frauen, denen Ehebruch vorgeworfen wird, werden dazu gezwungen. Da die Halsmuskulatur sich zurückgebildet oder gar nicht erst entwickelt hat, droht ihnen der Tod durch Ersticken. Die Frau büßt ihre Untreue damit, dass sie den Rest ihres Lebens unter Umständen im Liegen verbringt, oder sie findet eine andere künstliche Stütze für ihren Hals.

TIGERBISS (RECHTS)
Der strenge Schmuck spiegelt das Schönheitsideal der Padaung. Es gibt Theorien dazu, wie dieser Brauch entstanden sein könnte. So wird behauptet, man habe den Frauen die Metallringe um den Hals gelegt, um sie für Sklavenhändler unattraktiv zu machen. Einer anderen Legende zufolge sollten die Ringe sie vor Tigerbissen schützen, die in der ursprünglichen Heimat der Padaung, im Norden Chinas, eine ständige Bedrohung für die Menschen darstellten.

ALLTAG (SEITE 142)
Um mit diesem Schmuck zu leben, müssen die Frauen sich einiges einfallen lassen. Zum Schlafen benötigen sie beispielsweise ein Bambusgestell, auf dem die fünf bis zehn Kilo schweren Ringe ruhen, wenn sie sich niederlegen. Zum Waschen und Ankleiden benötigen sie viel Zeit.

POLIEREN (OBEN)
«Damit das Metall glänzt, verwenden wir diese braune Frucht von den Bäumen ringsum», erklärt meine Gesprächspartnerin und zerdrückt mit den Fingern eine dunkelbraune Dattel zu einer Paste. «Wir bestreichen damit die Ringe und reiben sie anschließend mit Stroh wieder ab.» Energisch scheuert sie die Ringe mit der Paste. Zum Schluss beugt sie sich vor, gießt aus einem Plastikeimer Wasser über Ringe und Oberkörper und reibt die Reste der Tamarinde mit Stroh wieder ab. Die ganze Prozedur dauert etwa 20 Minuten.

WIE DIE MUTTER, SO DIE TOCHTER (LINKS)
Nur Mädchen, die an einem Mittwoch bei Vollmond geboren werden, erhalten nach Padaung-Tradition Ringe. Inzwischen lebt der vor 20 Jahren so gut wie ausgestorbene Brauch in Thailand wieder auf.

Inmitten smaragdgrüner Felder

Die Toraja

Der Legende nach erreichten die Toraja die indonesische Insel Sulawesi per Boot vom südostasiatischen Festland, vielleicht von Kambodscha aus. Sie siedelten sich im zentralen Hochland an. Ihre traditionellen Häuser, *tongkonan* genannt, haben ein weit vorkragendes, extrem nach oben gebogenes Dach und sind mit kunstvollen Holzschnitzereien verziert. Diese zeigen unter anderem stilisierte Hühner und Büffel, die für die Toraja wirtschaftlich wie mythologisch von großer Bedeutung sind. Die Wohnhäuser bilden das soziale und auch religiöse Zentrum einer Familie. Bei jedem Haus steht ein kleinerer Reisspeicher (*lumbung*), der im gleichen Stil gebaut ist.

Ursprünglich bestand die Toraja-Gesellschaft aus drei Klassen. Das höchste Ansehen genoss der Adel (*to parengnge*), gefolgt von den Bürgerlichen (*makaka*) und den Sklaven (*kaunan*). Der soziale Status wurde durch die Geburt bestimmt. Gesellschaftlicher Auf- oder Abstieg war aber bei entsprechendem wirtschaftlichem Geschick oder auch Unglück möglich (Adams, 1997). Die holländischen Siedler, die Sulawesi Anfang des 20. Jahrhunderts kolonisierten, befriedeten die Toraja und bewegten sie dazu, ihre Dörfer vom Hochland in die Täler zu verlegen. Sie sandten auch Missionare auf die Insel.

Ihre ursprüngliche Religion bezeichnet man heute als „Rituale der Ahnen" (*aluk to dolo*). Sie basiert auf den Gegensätzen von Leben und Tod, Ost und West, Sonnenauf- und -untergang. Viele Riten blieben erhalten; die holländischen Missionare waren klug genug, den alten Glauben nicht in Bausch und Bogen zu verdammen (Volkman, 1984). So untersagten sie beispielsweise sämtliche Bräuche zur Förderung der Fruchtbarkeit, befürworteten aber den Totenkult. Das Bestattungsritual (*aluk rambe matampu*) gewann dadurch in der Gesellschaft der Toraja zusätzlich an Bedeutung.

Obwohl die Toraja heute überwiegend Christen sind (Adams, 1997), bestatten sie verstorbene Familienmitglieder nach wie vor in einer prunkvollen Zeremonie. Sie besteht aus drei Teilen. Zunächst wird der Tote in Leichentücher gehüllt und beweint. Dann folgt die Begräbnisfeier mit einem Schlachtopfer. Zuletzt setzt die Familie den Toten in einem Felsengrab bei. Je höher der soziale Status des Verstorbenen war, desto aufwändiger und langwieriger sind die Feierlichkeiten. 1987 wurden bei der Bestattung eines Adligen zehn Tage lang 30 000 Trauergäste bewirtet (Adams, 1997).

Auch die Toraja leben nicht mehr in einer isolierten Enklave. Viele junge Leute haben ihre Heimat verlassen und bekleiden heute gut bezahlte Stellen als Lehrer, Professoren, Juristen, Architekten und Politiker. Das Geld, das sie nach Hause schicken, lässt auch die Grenzen der traditionellen sozialen Hierarchie auf Sulawesi allmählich verschwinden. Die Nachkommen ehemaliger Sklaven können sich heute Totenfeste leisten, die weit über das hinausgehen, was den Familien dieses sozialen Standes einmal zugebilligt wurde (Volkman, 1984). Auch der Tourismus fördert den gesellschaftlichen Wandel: 1973 besuchten nicht mehr als 422 Touristen aus dem Ausland das Hochland. 1994 waren es bereits über 53 000 pro Jahr (Adams, 1997).

REISTERRASSEN
(SEITEN 144–45)
Im Hochland von Tana Toraja betreiben die Bewohner intensiven Reisanbau und erzielen hohe Erträge. Die Dörfer der Reisbauern liegen in der Regel auf den Hügelkuppen und sind von Steinmauern umgeben. Die Toraja leben in Großfamilien zusammen, die mehrere um ein rundes Feld gebaute Häuser bewohnen.

REISERNTE (RECHTS)
Ein junges Mädchen bei der Ernte. In Lokomata wird schwarzer Reis angebaut. Jeweils ein Dutzend Reishalme werden von Hand gebündelt und mit einem Band aus Reisstroh zusammengebunden. Ein ganzes Bündel solcher Bänder steckt im Kopftuch der Erntehelferin. Da 90 Prozent der Toraja-Bauern in erster Linie Reis anbauen, gibt die Größe des Reisspeichers bereits einen Hinweis auf den sozialen Status einer Familie.

SPIELENDE KINDER (LINKS)
Ein kleiner Junge klettert zu seinem Bruder in das Haus (tongkonan). *Er stützt sich dabei mit einem Fuß auf dem* tulak somba *ab. Dieser Pfosten stützt das Dach und ist mit Hörnern von geopferten Büffeln geschmückt.*
Heute verwenden die Toraja für den Bau der tongkonan *durchaus moderne Baustoffe und Techniken. Aber nach wie vor symbolisieren die Ornamente an den Gebäuden wichtige Elemente im Leben der Toraja, kosmologische Überlieferungen, Ahnenkult, Verwandtschaftsbeziehungen und gesellschaftliche Hierarchie.*

TONGKONAN (SEITE 150)
Die Architektur ist ein besonderes Merkmal dieser Kultur. Für traditionell denkende Toraja ist der tongkonan *viel mehr als ein Schutz vor der Witterung. Ihre Wohnhäuser sind Nachbauten eines fliegenden Schiffes, in dem einst die Götter von den Sternen auf die Erde kamen. Für jeden Teil des Gebäudes gibt es eine eigene Bezeichnung. Der vordere Giebel wird als das „Tor der Götter" bezeichnet, ein anderer Teil der Fassade als der „Weg der Götter".*

BÜFFELKAMPF (OBEN)
Bei einer Begräbnisfeier werden traditionell Büffel geopfert. Man lässt sie erst zum Kampf antreten, später werden sie geschlachtet. Je mehr Tiere geopfert werden können, desto eher geht der Verstorbene ins Jenseits ein. Das Fleisch wird nach festgelegten Regeln unter den Anwesenden aufgeteilt. Auch dem Geist des Verstorbenen steht eine Portion zu. Die Trauernden tragen die Köpfe der Büffel an einer Stelle zusammen, an der sich der Geist des Verstorbenen aufhalten soll (puya)*. Die Hörner bringen sie am* tulak somba *vor dem Haus der Familie an.*

FELSENGRAB (LINKS)
Mit großer Mühe werden Höhlen in Felsen geschlagen, um die sterblichen Überreste der Toten zu bestatten. Bei den Toraja, so heißt es, ist es teurer zu sterben als zu leben.

TORAJA-SCHÖNHEIT (LINKS)
Diese junge Frau in einem traditionellen Festgewand nimmt an einem Festmahl in Makale teil. Die Begräbniszeremonien der Toraja sollen nicht nur die Toten sicher ins Jenseits geleiten, sie sollen zugleich die Beziehungen zwischen den einander sonst eher misstrauisch gegenüberstehenden Clans festigen. Die Toraja widmen viel Zeit und Hingabe ihrem Ahnenkult. Zu ihren Ritualen gehören zum Beispiel farbenfrohe Umzüge. Sie glauben, dass ihre Vorfahren durch ihren Segen die Geschicke der Welt beeinflussen können.

NATÜRLICHER SONNENSCHUTZ (OBEN)
Zum Schutz vor der Sonne hat diese junge Frau ihr Gesicht mit einer Senfpaste bestrichen. Bei der Arbeit in den überfluteten Reisfeldern können die vom Wasser reflektierten Sonnenstrahlen durchaus einen Sonnenbrand verursachen. Reis ist das einzige Grundnahrungsmittel, das „mit den Füßen im Wasser" wächst. Ein Nassreisfeld ist ein beinahe autarkes Ökosystem. Die gleich bleibenden Bedingungen sichern in der Regel gleichmäßig hohe Erträge.

Das Land der Flüsse und Schluchten

Die Khampa

Die Khampa besiedeln das Grasplateau und die tief eingeschnittenen Täler der ehemals tibetischen Provinz Kham. Heute ragt dieses Gebiet zugleich in die chinesischen Provinzen Sichuan und Qinghai, die Autonome Region Tibet und die Provinz Yunnan hinein. Die Flüsse Saluen, Mekong, Yalong und Jangtsekiang sowie ihre Nebenflüsse haben tiefe Schluchten in die zerklüfteten Berge geschnitten. Ihnen verdankt die Region die traditionelle Bezeichnung Chuzhi Gangdruk („vier Flüsse und sechs Bergketten").

Die ersten Aufzeichnungen über das Volk der Khampa stammen aus dem 7. Jahrhundert n. Chr. Unter der Herrschaft des Königs Songtsen Gampo (617–649 n. Chr.) wurde Tibet erstmals zu einem mächtigen Staat mit einer Zentralregierung geeint. Die Befriedung der verschiedenen Stämme gelang ihm mithilfe der Khampa-Krieger. Sein Heer war so stark, dass er sogar den chinesischen Kaiser Tai Tsung zur Entrichtung eines jährlichen Tributes zwingen konnte. Die Khampa verehren ihn noch heute als einen legendären Helden (Baldizzone und Baldizzone, 1995).

In Kham leben über 800 000 Khampa-Tibeter, ein Achtel davon im Nordwesten von Yunnan (Hongladarom, 2001). Die Bevölkerung im Flachland spricht im Wesentlichen zwei Dialekte. Sie unterscheiden sich stark von dem Dialekt der wenigen nomadischen Hirten, die noch in rund 4 000 Metern Höhe anzutreffen sind. Allerdings haben sie auch kaum Gemeinsamkeiten mit dem offiziellen Tibetisch. Die Redeweise der Khampa ist schnell, laut und offenherzig. Tibetisch hingegen klingt leise und höflich. Rund 70 Prozent der Khampa sind Bauern. Sie pflanzen Gerste, Weizen, Kartoffeln und Mais an. Daneben halten sie Yaks, Schafe und Ziegen. Sie sammeln Pilze und aromatische Wurzeln, die sie auf dem Rücken der Yaks in die Städte befördern und dort auf Märkten verkaufen.

Khampa-Männer sind hoch gewachsen und muskulös. Viele tragen ihr Haar zu Zöpfen geflochten um den Kopf gebunden. Sie sind immer noch geschickte und begeisterte Reiter. Voller Stolz auf ihre kriegerische Vergangenheit tragen sie auch heute noch Dolche mit reich verzierten Silberscheiden. In den 1950er-Jahren wurden die Khampa zur Triebfeder des tibetischen Aufstandes gegen die Chinesen. In den 1960er-Jahren unterstützte der amerikanische CIA Khampa-Tibeter mit Waffenlieferungen und bildete sie in Colorado als Rebellen aus. Anschließend wurden sie in ihre Heimat zurückgeschickt, um dort eine Regierungsübernahme der Kommunisten zu verhindern. Allerdings erwies sich der mit mehreren Millionen Dollar finanzierte Guerillakrieg weitgehend als Fehlschlag und wurde schließlich in den 1970er-Jahren durch US-Präsident Richard Nixon beendet.

Weltliche und religiöse Feste spielen seit jeher eine wichtige Rolle in der Geschichte der Khampa. Jede Region veranstaltet ihr eigenes Reiterfest. Sie sind bedeutende gesellschaftliche Ereignisse, auf denen diverse sportliche Wettkämpfe ausgetragen werden. Erst 1998 haben die Khampa ihr Gebiet auch für Touristen zugänglich gemacht. Da es aber sehr abgeschieden liegt und es kaum Transportmöglichkeiten gibt, gelangten bisher nur wenige Besucher dorthin.

DER FLUSS XIAO ZHONGDIAN HE
(SEITEN 154–55)
Die tibetische Präfektur Dechen liegt im Herzen der Hengduan-Bergkette. Sie umfasst die Schluchten mehrerer Flüsse, die von Tibet bergabwärts strömen. Die Region liegt auf einer Höhe zwischen 6 740 Metern an der Grenze zu Tibet und 1 480 Metern in den Tälern im Süden. Pflanzenkundler und Naturforscher, die in der ersten Hälfte des 20. Jahrhunderts die Gegend bereisten, waren fasziniert.

TASHI DELEK (LINKS)
«Tashi delek» *(Viel Glück), ruft eine Khampa-Frau, die sich auf den Weg zum Haus ihrer Tochter macht. Die Tibeter in der Region Kham sind überwiegend Nomaden. Ihre Kleidung ist dieser Lebensweise angepasst. Das Klima des extrem hoch gelegenen, bitterkalten Landes ist geprägt von langen Wintern, kurzen Sommern und enormen Temperaturunterschieden zwischen Tag und Nacht. Die Kleider der Khampa-Frauen sind weiter geschnitten und sitzen lockerer als bei den Frauen im Tsang-Gebiet. So können sie mühelos in die Ärmel schlüpfen und wieder heraus.*

EINWEIHUNGSFEIER
(SEITEN 158–59)
Bei einer Hauseinweihung haben sich einige Frauen zu einem Schwätzchen zusammengefunden. Wie traditionell üblich, wird mir das Grundnahrungsmittel der Tibeter angeboten: tsampa *mit Buttertee. Das geröstete Gerstenmehl wird mit dem fetten, salzigen Tee in einer Schale zu kleinen Kugeln geknetet und mit den Fingern gegessen. Es ist zwar stärkend, im Geschmack aber höchst gewöhnungsbedürftig. In den großen Höhen benötigt der Körper Fette und Salz, um die Flüssigkeit im Körper zu binden.*

FEIERLICHKEITEN (OBEN)
In aufgeräumter Stimmung lachen zwei Frauen über einen Witz. Weltliche und religiöse Feste spielen in der Geschichte der Khampa seit jeher eine wichtige Rolle. Jede Region veranstaltet ein eigenes Reiterfest mit diversen sportlichen Wettkämpfen. Die zweitägigen Festspiele in Gyalthang, das in der tibetischen Präfektur Dechen liegt, locken rund 25 000 Zuschauer an. An den Hügeln rings um die Rennbahn und das Stadion sind viele blauweiß bestickte Zelte der Khampa zu sehen, die zum Fest angereist sind.

KRIEG UM DIE WEIDEN
(OBEN)
Rund 70 Prozent der Khampa sind Bauern. Sie bauen Gerste, Weizen, Kartoffeln und Mais an. Daneben halten sie Yaks, Schafe und Ziegen. Sie sammeln Pilze und aromatische Wurzeln.
Immer häufiger nimmt der Kampf unter den Nomaden um die besten Landstücke brutale Formen an. Wachsende Bevölkerungszahlen und die Zuwanderung chinesischer Siedler führen zunehmend zu Spannungen, die sich bereits mehrfach in so genannten Graskriegen entladen haben.

DRACHENHERSTELLUNG
(SEITEN 162–63)
Ein Kupferschmied in Gyalthang bearbeitet Drachenköpfe aus Kupferblech. Das Ergebnis ist beachtlich, wenn man bedenkt, dass er dazu kaum mehr als einen Hammer verwendet. Die Köpfe wurden von dem oberhalb der Stadt liegenden Kloster Ganden Sumtseling in Auftrag gegeben. Einst gehörten rund 1 200 Mönche zur Gemeinschaft dieses Klosters. Heute sind es nur noch einige Hundert. Die meisten von ihnen wohnen zu Hause bei ihren Familien und kommen nur an hohen Festtagen zusammen.

Leben nach der „Traumzeit“

Die Aborigines

Die Ureinwohner Australiens erreichten den fünften Kontinent vor ungefähr 70 000 Jahren. Der Name Aborigine ist aus dem Lateinischen abgeleitet und bedeutet so viel wie „von Anfang an". Er wurde von den europäischen Forschern geprägt, die seit 1770 nach Australien kamen. Die einzelnen Aborigine-Gruppen selbst verwenden ganz andere Namen für ihr Volk: Kuri, Koori, Murri, Nanga, Yura, Nyungar, Piyim, Tiwi, Yolngu und Yapa. Sie bedeuten allesamt nichts anderes als „Leute" (Price und Price, 1998).

Die frühen Aborigines waren Sammler und Jäger. Sie machten mit Speer, Bumerang, Angelhaken und einer als *woomera* bezeichneten Speerschleuder Jagd auf Großkängurus, Wallabys, Warane und Fische. Vor der Ankunft James Cooks 1770 und der anschließenden Kolonisation durch die Europäer gab es rund 500 Aborigine-Stämme mit 300 verschiedenen Sprachen. Heute werden von eigenständigen Gruppen wie den Warlpiri noch immer rund 100 Sprachen gesprochen. Allen Aborigines gemeinsam ist der Schöpfungsmythos der „Traumzeit". Mit Traumzeit bezeichnen sie die weit zurückliegende Zeit, in der ihre Welt erträumt wurde, von spirituellen Wesen, die während ihres Daseins die Welt so formten und veränderten, wie wir sie heute vorfinden. Als die Traumzeit zu Ende war, manifestierten sich diese Traumzeitwesen in physischer Form, sie verwandelten sich in Tiere, Pflanzen, Felsen und bedeutende Landschaftsformationen. Ihr Wissen überliefern die Aborigines durch Tänze, Rituale, Geschichten und bildliche Darstellungen. Ihre Felsmalereien, die älter sind als alle vergleichbaren Funde in Europa, erzählen davon, wie die großen Geister das Land schufen und die Menschen lehrten, Nahrung zu finden, Zeremonien abzuhalten und die Gesetze zu achten.

Mit dem Vordringen der Europäer begann in Australien das, was weltweit die Epoche der Kolonisation kennzeichnete: eine Hatz auf die Ureinwohner, die Beschlagnahmung ihres Landes, die Zerstörung ihrer Kultur und ihrer Sprachen. Diejenigen, die sich weigerten, europäische Sitten anzunehmen, wurden nicht wie Menschen behandelt (Young, 1987).

Die weißen Siedler deklarierten den Kontinent als „vor 1778 unbesiedelt". Sie bezeichneten ihn als *terra nullius*, Niemandsland. Damit hatten die Aborigines keinerlei Anspruch mehr auf ein Land, mit dem sie sich völlig verwachsen fühlen. Erst im 20. Jahrhundert wurde einigen Aborigine-Gemeinschaften Land zurückerstattet, wenn es sich dabei auch meist um abgelegene und unwirtliche Landstriche handelte. Trotz staatlicher Hilfsprogramme leben viele Aborigines des heutigen Australiens in den verfallenen Vororten der Großstädte. Es fehlt an Schulbildung, angemessenen Unterkünften, medizinischer Versorgung und allgemein an gesellschaftlicher Akzeptanz. Ihre Lebenserwartung liegt weit unter dem nationalen Durchschnitt (Brace, 2001). Die australischen Ureinwohner fühlen sich deshalb auch heute noch betrogen. Gruppen wie die Warlpiri sind inzwischen dazu übergegangen, mit eigenen Websites und Dokumentarfilmen auf ihr Schicksal aufmerksam zu machen.

PICCANINNY CREEK
(SEITEN 164–65)
Das Bergmassiv Bungle Bungles im Purnululu-Nationalpark gehört zu den faszinierendsten geologischen Formationen Westaustraliens. Über die wie Bienenkörbe geformten Berge aus Sandstein laufen schwarze und orangefarbene Streifen. Bei den schwarzen handelt es sich um blaugrüne Algen, die orangen Streifen stammen von Eisenoxidablagerungen. Noch Anfang der 1980er-Jahre war Bungle Bungles aufgrund seiner entlegenen Lage nur den Ureinwohnern und einigen wenigen Einheimischen bekannt. Die Aborigines zogen sich während der Regenzeit dorthin zurück, weil es hier Pflanzen und Tiere im Überfluss gibt.

TRAUMZEIT (LINKS)
«Ich liebe dieses Land. Dieses Land und seine Felsen liegen mir im Blut.» Aborigine-Gemeinschaften sind dem Land tief verbunden, weil sie glauben, dass ihre Vorfahren jeden Baum, jeden Fels, jedes Tier und jeden Berg erschaffen haben. Früher respektierten die verschiedenen Stämme einander und betraten nur selten die Gebiete ihrer Nachbarn, da sie fürchteten, dort auf feindlich gesinnte Geister zu treffen.

KUYUNBA (SEITEN 168–69)
Das Kuyunba-Areal ist von besonderer Bedeutung für die Arrente-Aborigines. Es dient ihnen seit Jahrtausenden als Versammlungsort und Kultstätte. Kuyunba bedeutet „Ort der uneingeweihten Männer". Zahlreiche Malereien befinden sich an den Felswänden.
Dick Marshall Japangardi hat Körper und Haare mit Ockerfarbe eingerieben. Sein Gesang wird vom rhythmischen Schlagen der Instrumente begleitet.

DER OPOSSUM-TANZ (OBEN)
Im Abendlicht vollführen Aborigines den Opossum-Tanz. Später hören wir die Geschichte, die darin erzählt wird: «Vor langer Zeit rissen einige kleine Opossums von zu Hause aus, und der Opossum-Mann musste sie suchen gehen. Er kam von Norden bis hinunter nach Alice Springs, um die kleinen Opossums zu holen. Er kam den weiten Weg, um sie wieder nach Nappaby zurückzuholen, in ihr eigenes Land, an den Ort, an den sie gehörten.»

TRÄUME (LINKS)
Viele Rituale der Aborigines verknüpfen die Gegenwart mit der geheimnisvollen Traumzeit, jener mythischen Vorvergangenheit. Stirbt ein Mensch, kehrt seine Seele in die Traumzeit zurück, in der sie sich auch vor seiner Geburt befand.

KÖRPERSCHMUCK (SEITE 171)
Zu den Kulthandlungen und religiösen Bräuchen der Aborigines im Nordterritorium gehört auch ihr künstlerisches Schaffen: Steinritzungen, Felsbilder, Schnitzwerke, aber auch die Körperbemalung und der Körperschmuck. Die Ornamente und Motive sind verschlüsselte Hinweise auf das Territorium einer Aborigine-Gemeinschaft und ihre Verbindung mit bestimmten Ahnenwesen. Diese Kunstformen, zusammen mit der reichen mündlichen Überlieferung und den Tänzen und Liedern, sind inspiriert von der ursprünglichen kreativen Kraft der Vorfahren.

VERWANDTSCHAFT (LINKS)
Die Aborigines anerkennen Verwandtschaft aufgrund von Blutsverwandtschaft und Heirat. Außerdem fühlen sie sich allen Menschen innerhalb ihrer Kultur- oder Sprachgruppe verwandt.

HONIGAMEISE (RECHTS)
Mit einem Gebilde aus Pflanzenfasern und Ton geschmückt, wartet Clinton Wayne Jungarrayi auf seinen Einsatz beim Opossum-Tanz. Eine Stunde zuvor beobachtete ich ihn und seinen Bruder, wie sie unter einer Baumwurzel ein Ameisennest aushoben. Das Hinterteil der Honigameise (yerrampe) *ist mit einem süßen Nektar gefüllt, der gegessen wird. Dazu muss man den Honigbeutel im Mund zerdrücken.*

Nunavut – Unser Land

Die Inuit

Der Begriff „Inuit“ bedeutet „Menschen“ und wird als Oberbegriff für die verschiedenen Ethnien im amerikanischen Arktisraum verwendet, darunter die Inuit und Inuvialuit in Kanada sowie die Inupiat, Yupik und Alutiiq in Alaska. Die Größe der Gesamtbevölkerung liegt heute bei rund 125 000 Menschen. Die Inuit leben im Norden Kanadas, in Alaska, entlang der Küste und teilweise auch im Landesinneren von Grönland und an der Küste Russlands. Archäologen gehen davon aus, dass die Inuit von einem halbnomadischen Volk abstammen, das um 6 000 v. Chr. von Sibirien aus nach Alaska gelangte.

Den Mittelpunkt ihres Lebens bildeten für die Inuit ursprünglich der Fischfang und die Jagd auf Robben, Wale und Karibus. Um 1860 errichteten amerikanische und schottische Walfänger in Nordalaska und auf der Baffin-Insel die ersten Küstenstationen. Ihre Anwesenheit veränderte die Lebensgewohnheiten der Ureinwohner radikal. Sie lernten Metall und Werkzeuge kennen und bekamen Waffen und Schiffe für den Walfang.

Den Walfängern folgten schon bald die Forscher: 1884 veröffentlichte der Geograph und Völkerkundler Franz Boas die erste große ethnologische Studie über die kanadischen Inuit: „The Central Eskimo“. Die Bezeichnung „Eskimo“ stammt von den im südlichen Kanada lebenden Algonkin-Stämmen und bedeutet soviel wie „Esser von rohem Fleisch“.

Anfang des 20. Jahrhunderts verlegten sich die kanadischen Inuit mehr und mehr auf den Handel mit Pelzen, besonders Polarfuchspelzen, mit der *Hudson's Bay Trading Company*. In den 1960er-Jahren siedelte die kanadische Regierung fast alle Inuit in beheizbare Holzhäuser um, fasste die weit verstreuten Lagergemeinschaften zu Gemeinden zusammen und veranlasste deren Christianisierung. Für die Kinder der Inuit galt Schulpflicht. Viele junge Inuit waren nicht mehr in der Lage, sich von der Jagd und dem Fischfang zu ernähren. Da sie aber auch keine andere Arbeit fanden, wurden Depressionen und Alkoholismus zu einem großen Problem unter den Inuit und sind es bis heute geblieben.

In den 1970er-Jahren gelang es den Inuit, sich Gehör zu verschaffen. Ein Gesetz von 1971 (*Alaska Native Claims Settlement Act*) sprach den Ureinwohnern 925 Millionen Dollar und 160 000 Quadratkilometer Land zu. 1975 trat in Quebec das James-Bay-Abkommen in Kraft, und Grönland erhielt 1979 den Status eines eigenständigen Gebiets im Königreich Dänemark. 1999 reagierte die kanadische Regierung auf die Forderung der Inuit nach mehr Land und Nutzungsrechten mit der Gründung von Nunavut, einem zwei Millionen Quadratkilometer großen Gebiet im Norden Kanadas. Nunavut ist zwar kein unabhängiger Inuit-Staat, aber die kanadischen Inuit haben mehr Autonomie erhalten. Seit den 1960er-Jahren sind die Hundeschlitten vielerorts den Schneemobilen gewichen, und Skibekleidung aus Hightech-Material ersetzt die traditionellen Karibufelle. Andererseits versuchen die Inuit, ihre Kultur lebendig zu erhalten. Seit den 1980er-Jahren sendet die *Inuit Broadcasting Corporation* jede Woche mehrere Stunden lang ein eigenes Radioprogramm. Der Regisseur Zacharias Kunuk drehte im Jahr 2002 einen Spielfilm ausschließlich mit Inuit (Alexander, 2002).

ROBBENJAGD (SEITEN 174–75)
Auf der Suche nach Anzeichen für ein Luftloch untersucht ein Inuit die Eisformationen im Cumberland-Sund. Robbenlöcher finden sich üblicherweise an der Ostseite von Eisgraten, wo sie vor dem Westwind geschützt sind. Mehr als ein Jahrtausend lang ernährten sich die Inuit im Sund ausschließlich von Ringelrobben, Walrössern und Weißwalen. Einst waren hier auch die eindrucksvollen Grönlandwale (Balaena mysticetus) *in großen Populationen heimisch.*

SONNENBRILLE (RECHTS)
Ursprünglich verwendeten die Inuit nur solche Materialien, die sie in ihrer Umgebung vorfanden: vor allem Knochen, Horn, Geweihe, Elfenbein, Stein sowie Tierhäute und -felle. In einigen Gebieten verwendeten sie Gras und Walbein, um Körbe zu flechten; mancherorts auch Holz oder Kupfer statt Horn oder Knochen sowie Vogel- oder Fischhäute anstelle von Fellen. Viele uralte Erfindungen der Inuit wie das Iglu oder die Knebelharpune gelten heute als technische Meisterleistungen.

TAUWETTER (SEITEN 178–79)
Von seinem erhöhten Standpunkt aus hält mein Führer Joavee Alivaktuk Ausschau nach Wildtieren. Seit einigen Jahren beobachten die Inuit, dass dort, wo früher dicke Eisschichten lagen, heute die Decke für ein Schneemobil zu dünn ist. Auf unserer Reise entlang des Pangnirtung-Fjords und in den Cumberland-Sund hinein äußert sich Joavee besorgt über das für die Jahreszeit zu starke Tauwetter. Seiner Meinung nach ist hierfür die globale Erwärmung verantwortlich.

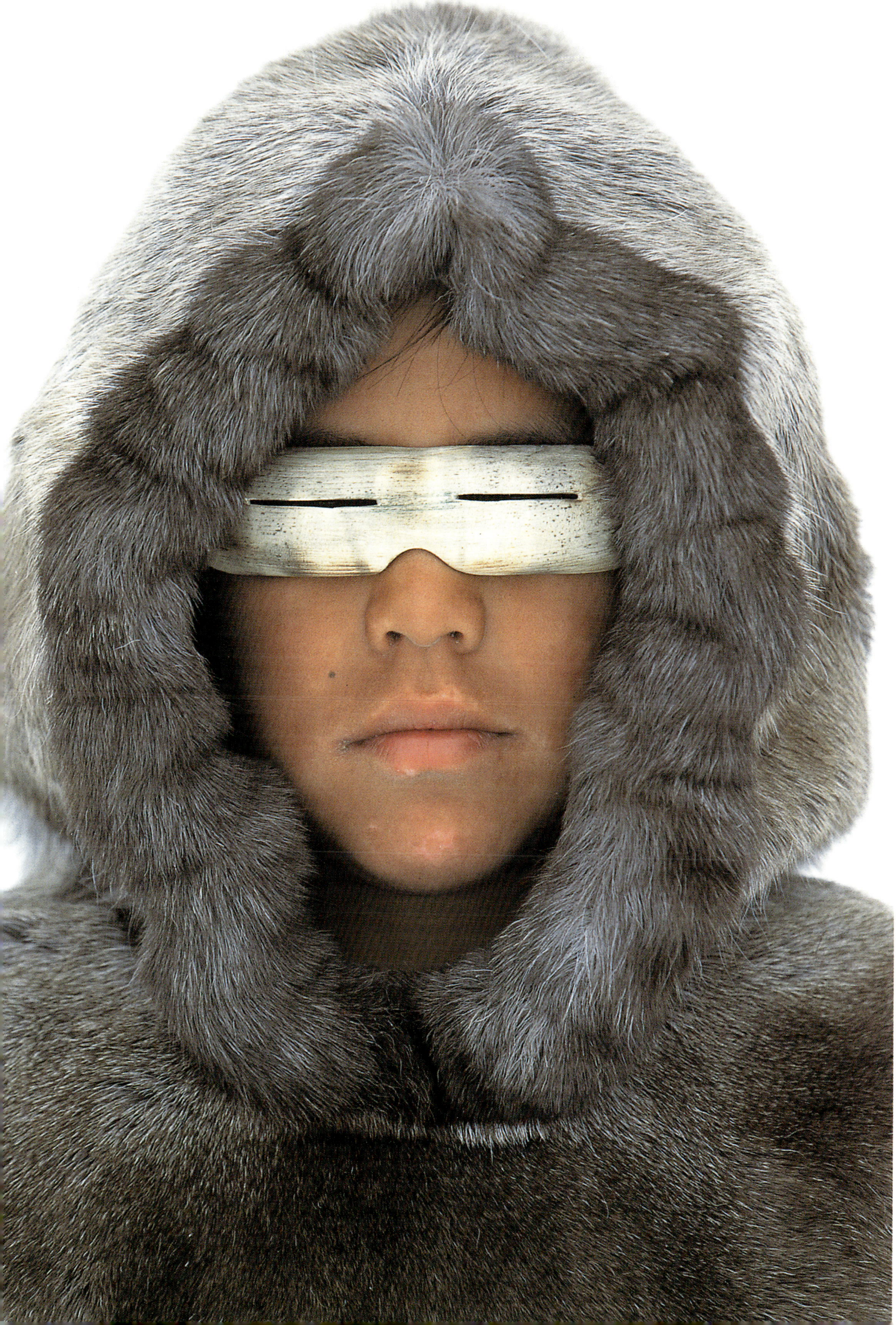

REICHE FISCHGRÜNDE
(SEITE 180)
Die meisten Inuit lebten früher je nach Jahreszeit von der Jagd auf Eisbären oder Wale. Im Sommer und Herbst jagten sie auch Karibus oder zogen zum Fischen in ertragreichere Küstenstreifen. Auf frische Nahrungsmittel wurde zwar Wert gelegt, trotzdem mussten sie auch immer große Vorräte anlegen. Dazu trockneten die Inuit Fische und Pflanzen; sie verfügten aber auch über andere Konservierungsverfahren wie das Einlegen in Öl.

KARIBU-PARKA (SEITE 181)
Ein Parka besteht traditionell aus einer inneren und einer äußeren Jacke, meist aus Karibufell, gelegentlich aber auch aus Robbenpelz. Die Frauenkleidung ist oft aufwändiger verziert als die der Männer. Ihre Parka haben längere Vorder- und Rückenteile und eine große Kapuze. In den kalten Wintermonaten wird der Karibu-Parka noch heute getragen, wenn sich ansonsten auch moderne Materialien wie Gore-Tex und Fleece durchgesetzt haben. «Wenn du draußen auf dem Eis bist, wärmt nichts besser als die natürlichen Fasern des Karibufells», erklärt mir Joavee.

AUF DER ÜBERHOLSPUR
(RECHTS)
Schneemobile haben die herkömmlichen Hundeschlitten abgelöst. Die kanadischen Inuit wissen nicht mehr, wie man Schlittenhunde züchtet und Gespanne abrichtet. Sie verlassen sich ganz auf die Fahrzeuge und die moderne Satellitenortung. Dies kann gefährlich werden, denn unvorhersehbare Wetterumschwünge lassen sich nur durch eine intensive Beobachtung der Umgebung erkennen. Dies ist jedoch bei der schnellen Fahrt mit dem Schneemobil oft nicht möglich. Vor dem Motorenlärm flieht zudem das Wild. Deshalb müssen auch die Jäger auf der Suche nach Beute immer weitere Strecken zurücklegen.

Karte der indigenen Völker

ASIEN
EUROPA
FRIKA
CHINA
Qinghai
Khampa
Tibet
Sichuan
PAKISTAN
Yunnan
Baltis
INDIEN
Ladakhi
Bhutanesen
BHUTAN
Lisu
LAOS
PAZIFISCHER OZEAN
Padaung
THAILAND
Turkana
Samburu
KENIA
Massai
TANSANIA
Toraja
Sulawesi
INDONESIEN
INDISCHER OZEAN
Aborigines
AUSTRALIEN
AMIBIA
ANTARKTIS

Anmerkungen zur Fotografie

Mit Ausnahme der Panoramabilder habe ich alle Aufnahmen des vorliegenden Bandes mit einer Canon-Ausrüstung auf 35 Millimeter-Filmen gemacht. Ich war schon immer ein Verfechter dieses Formats. Die Proportionen des Kleinbildformats eignen sich sowohl für Landschaften als auch, je nach Sujet, für Bilder im Hochformat. Das alte Argument, Kleinbildfilme könnten keine sehr gute Qualität liefern, ist heute nicht mehr zutreffend. Die Kombination aus dem Canon EOS-System mit Objektiven aus der L-Serie, Fuji-Diafilm-Emulsionen, einem High-End-Trommelscanner und moderner Druckplattenbelichtung ermöglicht qualitativ hochwertige Ergebnisse im Offsetdruck.

Bei Fernreisen ist die Größe der Ausrüstung von besonderer Bedeutung, weil die Fluglinien immer mehr dazu übergehen, das Gewicht des Handgepäcks zu beschränken. Die Zoom-Objektive der L-Serie machen es möglich, dass ich nicht so viele Objektive mit fester Brennweite benötige und trotzdem keine Qualitätsminderung in Kauf nehmen muss. Ich habe meine Canon-Ausrüstung ergänzt und reise nun mit folgenden Geräten: den Motoren EOS-1V und PB-E2 (doppelt), den Objektiven Canon EF 16–35mm 1:2,8 L USM, EF 28–70mm 1:2,8 L USM, EF 70–200mm 1:2,8 L IS USM, EF 300mm 1:2,8 L IS USM, dem EF1:1,4x Extender, dem EF 100mm 1:2,8 USM, TS-E24m 1:3,5L X und dem Speedlite 550EX (doppelt). Das ist keine kleine Ausrüstung. Aber ich muss das Gefühl haben, immer auf alle Eventualitäten reagieren zu können.

Die Bedeutung des Stativs kann nicht oft genug betont werden. Über 95 Prozent der vorliegenden Fotos wurden mit einem Carbon-Leichtgewichtstativ gemacht. Ich habe das Gitzo Mountaineer Modell G1349 benutzt. Die Schärfe einer Aufnahme hängt genauso von der Ruhe bei der Aufnahme ab wie von der Leistungsfähigkeit des Gehäuses und des Objektivs. Die Porträtaufnahmen hätten ohne Stativ nicht die gleiche Schärfe. Ich habe sie mit dem EF 70–200mm Objektiv mit 1:2,8 der L-Serie USM, meist bei 1/125 Sekunden oder 1/60 Sekunden und mit den Blenden 4 oder 5,6 gemacht. Obwohl viele Fotografen bei vergleichbaren Motiven wohl auf ein Einbeinstativ zurückgreifen würden, habe ich damit keine guten Erfahrungen gemacht. Die Porträts in diesem Band wirken, als seien sie in größerem Format fotografiert worden.

Ich habe in erster Linie die Fuji Filme Provia 100F und Velvia verwendet. Sie liefern Farbdias mit hoher Sättigung. Provia war meine erste Wahl bei Porträtaufnahmen. Ich habe den Velvia-Film mit der höheren Sättigung benutzt, um die Leuchtkraft bei Festen oder in Landschaften einzufangen, solange es ausreichendes Licht gab.

Die Panoramabilder habe ich auf Fuji GX617 mit dem SWD 90mm f5,6 beziehungsweise dem W 180mm f6,7 auf Fuji Velvia geschossen.

WER ZULETZT LACHT

(SEITEN 188–89)

Während einer Verschnaufpause bei einer religiösen Zeremonie in Bhutan werde ich – sehr zur Erheiterung der Menge – unfreiwillig Opfer der Verspottung. Die Clowns (atsaras), *deren ausdrucksstarke Masken und Körpersprache bei einem religiösen Fest unabdingbar sind, übernehmen den Part der provozierenden Mönche: Sie werfen mit anzüglichen Bemerkungen um sich und muntern die Menge mit ihren Kaspereien auf, wenn die Aufmerksamkeit der Zuschauer abnimmt. Man glaubt, dass sie die spirituellen Meister Indiens* (acaryas) *verkörpern. In dieser Gesellschaft, die allen Dingen des religiösen Lebens mit höchstem Respekt begegnet, sind sie die Einzigen, die die Religion verspotten dürfen.*

Bibliografie

Kathleen M. Adams, „Ethnic tourism and the renegotiation of tradition in Tana Toraja (Sulawesi, Indonesia)", *Ethnology* 36:4, S. 309–320 (1997)

Doug Alexander, „Im Gespräch mit Zacharias Kunuk", *Geographical* 74:4 (2002)

Annual Report on International Religious Freedom: Bhutan. Washington: U.S. Department of State (2000)

Kaj Arhem, „Two sides of development: Maasai pastoralism and wildlife conservation in Ngorongoro, Tanzania", *Ethnos* 3/4, S. 186–210 (1984)

Atlas der Völker. Kulturen, Traditionen, Alltag. K.M. Kostyal (Hrsg.). Einführung von David Maybury-Lewis, Nachwort von Wade Davis. Hamburg: National Geographic (2002)

Tiziana und Gianni Baldizzone, *Tibet – Eine Reise auf den Spuren von Alexandra David-Néel*, Stuttgart/Zürich: Belser (1995)

Peter Bellwood, „Ancient seafarers: new evidence of early southeast Asian sea voyages", *Archaeology* 50:2, S. 20–2, 82 (1997)

Franz Binder, *Bhutan: Königreich des Donnerdrachen*, München: Hirmer (2002)

Gebhart Blazek, „Tabrdouhte and tabbnoute: indigo-dyed Berber shawls of the middle Atlas", *Hali* 113:94–100 (2000)

Helmut Bley, *Kolonialherrschaft und Sozialstruktur in Deutsch-Südwestafrika 1894–1914*, Hamburg: Leibniz (1968)

Franz Boas, *The Central Eskimo*, Toronto: Coles (1974)

Michael Bollig, „Risk and risk minimisation among Himba pastoralists in northwestern Namibia", *Nomadic Peoples* 1:1, S. 66–89 (1997)

Matthew Brace, „A nation divided", *Geographical* 73:11 (2001)

B. Chakravarti, „Bhutan – the land, people and polity", *Journal of the Asiatic Society* Calcutta 19:1/2, S. 33–43 (1977)

Margaret Courtney-Clarke und Geraldine Brooks, *Die Berberfrauen – Frauen, Kunst und Kultur in Nordafrika*, München: Frederking & Thaler (1997)

David P. Crandall, „The strength of the OvaHimba patrilineage", *Cimbebasia* 13:45–51 1012–4926 (1991)

Matt Currington, „Keeper of the holy fire", *Geographical* 73:1 (2001)

William Y.Y. Dessaint, Y.A. Dessaint, „Opium and labor: social structure and economic change in the Lisu highlands", *Journal of Peasant Studies* 19:3/4, S. 147–77 (1992)

Gaudenz Domenig, „Changing patterns of architecture and symbolism among the Sa'dan Toraja (Indonesia)" [Besprechung von „Banua Toraja: changing patterns ..." von J.I. Kis-Jovak et al. Amsterdam: Royal Tropical Institute, 1988], *Asian Folklore Studies* 49, S. 303–20 (1990)

E.P. Durrenberger, „The economy of a Lisu village [Ban Lum, Thailand]", *American Ethnologist* 3:4, S. 633–44 (1976)

E.P. Durrenberger, „Law and authority in a Lisu village", *Journal of Anthropological Research* 32:4, S. 301–25 (1976)

E.P. Durrenberger, „Belief and the logic of Lisu spirits", *Bijdr Taal-Land-Volkenk* 136:1, S. 21–40 (1980)

A.P. Elkin, „The aborigines in Australian society: a review article [in der Reihe „Aborigines in Australian society"]", *Oceania* 42:1, S. 58–66 (1971)

Elliot Fratkin, „Traditional medicine and concepts of healing among the Samburu pastoralists of Kenya", *Journal of Ethnobiology* 16:1, S. 63–97 (1996)

J.G. Galaty, „Land and livestock among Kenyan Maasai", *Journal of Asian and African Studies* 16:1/2, S. 68–88 (1981)

Jan-Bart Gewald, „The road of the man called love and the sack of Sero: the Herero-German war and the export of Herero labour to the south African rand", *Journal of African History* 40:1, S. 21–40 (1999)

Joan E. Gross, D.A. McMurray, „Berber origins and the politics of ethnicity in colonial north African discourse", *Political and Legal Anthropology Review* 16:2, S. 39–57 (1993)

Heinrich Harrer, *Ladakh*, Frankfurt: Umschau (1983)

Rachel Hinton, „NGO's as agents of change? The case of the Bhutanese refugee programme", *Cambridge Anthropology* 19:1, S. 24–56 (1996)

Krisadawan Hongladarom, „Four rivers and six ranges", *Bangkok Post* (15.2.2001)

Hsain Ilahiane, „The Berber Agdal institution: indigenous range management in the Atlas mountains", *Ethnology* 38:1, S. 21–45 (1999)

Margaret Jacobsohn, „Preliminary notes on the symbolic role of space and material culture among semi-nomadic Himba and Herero herders in western Kaokoland, Namibia", *Cimbebasia* 10, S. 75–99 (1988)

Margaret Jacobsohn, *Himba: Die Nomaden Namibias,* Hannover: Landbuch Verlag (1990)

Frances Kennett, *World Dress,* London: Mitchell Beazley (1994)

Shinya Konaka, „The Samburu livestock market in north central Kenya“ [in der Sonderausgabe „Social changes and self-reliant practices and agricultural peoples in Kenya“], *African Study Monographs* 18:3/4, S. 137–55 (1997)

Hans Peter P. Larsen, „The music of the Lisu of northern Thailand“, *Asian Folklore Studies* 43, S. 41–62 (1984)

L. Lesarge, „The dances of the ‚lmurran‘ and their girls“, *Samburu Journal for the Anthropological Study of Human Movement* 7:2, S. 102–13, 135–8 (1992)

Roger Lewin, *Der Ursprung des Menschen,* Frankfurt: Fischer (1998)

M.A. Little, P.W. Leslie, K.L. Campbell, „Energy reserves and parity of nomadic and settled Turkana women“, *American Journal of Human Biology* 4:6, S. 729–38 (1992)

R.S. Mann, „Social stratification and interaction in Ladakhi villages“, *Bulletin of the Anthropological Survey of India* 21:3/4, S. 1–15 (1972)

R.S. Mann, „Ladakhi polyandry reinterpreted“, *Indian Anthropologist* 8:1, S. 17–30 (1978)

R.S. Mann, „Role of monasteries in Ladakhi life and culture“, *Indian Anthropologist* 15, S. 33–49 (1985)

Jean Michaud, „A historical account of modern social change in Ladakh with special attention paid to tourism“, *International Journal of Comparative Sociology* 37:3/4, S. 286–300. 0020–7152 (1996)

Edith T. Mirante, „Hostages to tourism“, *Cultural Survival Quarterly* 14, S. 35–8 (1990)

Diana K. Myers, „Costume and ceremonial textiles of Bhutan“, *The Textile Museum Journal* 26, S. 24–53 (1987)

Wolfgang Neumann, *Die Berber: Vielfalt und Einheit einer traditionellen nordafrikanischen Kultur,* Köln: DuMont (1983)

Stephen Oppenheimer, „The first exodus“, *Geographical* 74:7 (2002)

Henry Fairfield Osborn, *The evolution of human races,* New York: American Museum of Natural History (1926)

Bess und Dave Price, „Unheard voices“, *Journal of Australian Indigenous Issues* 1(2), S. 15–23 (1988)

Republik Kenia (ROK), *Samburu District Development Plan (1979–1983),* Nairobi: Ministry of Economic Planning and Development (1980)

Matthieu Ricard, Olivier Föllmi und Daniele Föllmi, *Buddhismus im Himalaya,* München: Knesebeck (2002)

Ursula Sagaster, *Die Baltis. Ein Bergvolk im Norden Pakistans,* Frankfurt: Museum für Völkerkunde (1989)

T.O. Saitoti, C. Beckwith, „Warriors of Maasailand: although a lion could run faster, we could run farther“, *Nat. Hist. NY* 89:8, S. 42–55 (1980)

A.C. Sinha, „The ethnic statement of Bhutan: who will upset the applecart¿“, *Himal* 9:5, S. 36–40 (1996)

V.L. Smith, „Controlled vs. uncontrolled tourism: Bhutan and Nepal“, *Royal Anthropological Institute News* 46, S. 4–6 (1981)

Louise Sperling, „The adoption of camels by Samburu cattle herders“, *Newsletter Commission on Nomadic Peoples* 23, S. 1–17 (1981)

W.E.H. Stanner, „Aborigines in the affluent society: the widening gap“, *Anthropological Forum* 3:3/4, S. 249–63 (1973/74)

W.E.H. Stanner, „Aborigines and Australian society“, *Mankind* 10:4, S. 201–212 (1976)

Survival, *Threatened pastures,* London (1988)

Survival, *People of the Dreaming,* London (1988)

Survival, *Cattle people,* London (1998)

Alan Turner, „Early hominid dispersions“, *Anthropologie Brno* 37:1, S. 19–26 (1999)

Toby Alice A. Volkman, „Great performances: Toraja cultural identity in the 1970s“, *American Ethnologist* 11, S. 152–69 (1984)

Toby Alice A. Volkman, „Visions and revisions: Toraja culture and the tourist gaze“, *American Ethnologist* 17, S. 91–110 (1990)

Elspeth Young, „Commerce in the bush: Aboriginal and Inuit experiences in the commercial world“, *Australian Aboriginal Studies* S. 46–53 (1987)

Danksagung

Die Idee zu diesem Projekt entstand aus meiner Arbeit für British Airways. Vor sieben Jahren fragte mich Chris Holt, ob ich für den Kalender, den British Airways herausgibt, arbeiten möchte. Damals wusste ich noch nicht, dass ich diesen Auftrag für vier weitere Jahre behalten sollte und im Zuge dessen tausende von Kilometern zurücklegen und mehr als 35 Länder bereisen würde. Der Auftrag erwies sich als eine einmalige Chance: Chris ließ mir sehr viel Freiheiten. Ich konnte mir die Orte und Völkerstämme, die ich fotografieren wollte, stets selber aussuchen, und er hat nur selten in meine Bildauswahl eingegriffen.

Ich möchte ebenfalls Pete Duncan und Nova Jayne Heath vom Verlag Constable & Robinson für ihren Weitblick und ihre Begeisterung für diesen Band danken. Carolyn Fry gilt mein Dank für ihre faszinierenden Essays, die sie über die einzelnen Stämme geschrieben hat.

Ein besonderer Dank geht an die vielen Firmen und Reiseveranstalter, die meine Projekte unterstützt haben: Fuji Film (GB) Ltd, Canon (GB) Ltd, Hasselblad (GB) Ltd, Robert White Photographic Ltd, Abercrombie & Kent, Worldwide Journeys, KE Travel Ltd, Himalayan Kingdoms, Alivaktuk Outfitting, Nunavut Tourism, Etho Metho Tours und VAST.

Ich möchte all denen danken, die mich auf meinen Reisen begleitet haben, wie meinem Vater, der mit mir in Patagonien, Pakistan, Ladakh und Bhutan war, und meiner Frau Geraldine, die mich immer darin bestärkt hat, das zu tun, was ich am besten kann.

Poster und Bilder können bei der Earth Gallery (www.earthgallery.co.uk) erworben werden.